AF325523

CONSIDÉRATIONS

SUR

LE GOUVERNEMENT

DE LA FRANCE.

CONSIDÉRATIONS

SUR

LE GOUVERNEMENT

ANCIEN ET PRÉSENT

DE LA FRANCE,

COMPARÉ

AVEC CELUI DES AUTRES ÉTATS;

SUIVIES

D'UN NOUVEAU PLAN D'ADMINISTRATION.

PAR M. le Marquis D'ARGENSON.

DEUXIEME ÉDITION, CORRIGÉE SUR SES MANUSCRITS.

AMSTERDAM.

M. DCC. LXXXIV.

AVERTISSEMENT

DE L'ÉDITEUR.

CET Ouvrage, composé il y a plus de quarante ans, a été imprimé, pour la premiere fois, à Amsterdam chez Marc-Michel Rey, en 1764, plusieurs années après la mort de son Auteur.

Avant sa publication, des copies manuscrites s'en étoient répandues ; elles avoient mérité des éloges de tous les Lecteurs. Rousseau de Genève, dans diverses notes de son Contrat Social, a témoigné toute l'estime qu'il en faisoit.

Mais l'Edition de Marc-Michel Rey, faite avec précipitation sur une copie furtive, & qui n'avoit point été soigneusement rapprochée des différens manuscrits de l'Auteur, fourmille de fautes grossieres. Le sens est par-tout altéré & corrompu. On s'est même permis d'élaguer & de retrancher des recherches profondes & des discussions curieuses, propres à porter

A

un plus grand jour fur les endroits les plus intéreffans.

Il falloit donc donner au Public une nouvelle Edition de cet Ouvrage, telle que l'Auteur auroit pu la donner lui-même. On a long-temps médité fes Ecrits, & c'eft après s'être pénétré de fes principes, qu'on a refondu cette Edition nouvelle fur plufieurs manufcrits de différentes dates, tous authentiques, qu'on a comparés entre eux, & qu'on a rapprochés de beaucoup d'autres, également fortis de fa plume.

Voici fon premier & principal Ouvrage, auquel il a travaillé toute fa vie, qu'il commença avant d'être Miniftre & Secrétaire d'Etat, & qu'il a revu & corrigé après avoir été, pendant plufieurs années, non feulement chargé du département des Affaires Etrangeres, mais encore de celui de plufieurs grandes Provinces de la France.

Son grand principe étoit, qu'un Roi doit être animé des maximes des Antonins & des Marc Aurele; & qu'il convenoit, pour le bonheur des hommes & du Monarque même, qu'il fît affeoir la Philofophie sur le Trône. Les Empereurs que l'on vient de nommer, ont fait jouir les Romains de l'avantage de voir ce Siecle d'or de la Royauté. Tous les Peuples de l'Univers le leur ont depuis inutilement envié ; mais il seroit possible de le voir renaître dans tous les climats & dans tous les temps, en introduisant une salutaire réforme dans toutes les parties du Gouvernement. Le grand exemple & l'utile influence d'un bon & sage Monarque forceroient tous les Pasteurs des autres Peuples à *être justes*, *à peine d'être malheureux.*

Il faut toujours se rappeler ce qu'on a annoncé à la tête de cet Avertissement, que cet Ouvrage a été composé il y a plus de quarante ans ; c'est prévenir l'objection qu'on pourroit faire, que toutes les vûes qui y sont présentées ne sont pas nouvelles, ou que la Politique & l'intérêt des Puissances de l'Europe, tels qu'ils y paroissent exposés, & l'Administration même de la France, ont changé dans quelques points plus ou moins intéressans. Mais les principes de la raison, de l'équi-

té , de la vraie Philofophie , font im-
muables, & toujours applicables, à quelques
nuances près. Ces confidérations n'ont
donc rien perdu de leur prix & de leur
utilité : elles ont été communiquées , par
l'Auteur même , en manufcrit, à quelques
perfonnes qu'il croyoit également éclai-
rées & sûres , mais qui cependant en ont
fait part à d'autres. Les copies fe font
multipliées ; le plus grand nombre des
Lecteurs a admiré & adopté fes principes ;
quelques-uns ont profité de fes travaux &
de fes découvertes, & n'ont pas dédaigné
d'en enrichir leurs Ouvrages. Il y en a
qui ont renchéri fur ce fyfteme, d'autres
ont voulu le combattre ; mais l'on peut
dire que ces derniers ne l'ont pas bien
entendu. Cela eft fur-tout arrivé à ceux
qui , au lieu d'en raifonner avec l'Auteur,
n'ont fait que lire des manufcrits impar-
faits & fautifs, ou l'imprimé, qui l'eft encore davatange.

On trouve l'empreinte de ces idées-ci
dans tous les Livres de Politique publiés
depuis quarante années ; tels que l'Effai

fur l'Hiftoire Univerfelle, l'Efprit des Loix, l'Ami des hommes, les Mémoires fur les Etats Provinciaux, la Théorie de l'Impôt, les Ouvrages de quelques Ecrivains, connus depuis peu de temps fous le nom général d'*Économiftes*, le Contrat Social, les Entretiens de Phocion, & beaucoup d'autres Ecrits qui, fans avoir atteint le même degré de célébrité, ont mérité juftement l'eftime du Public, par la fageffe des plans & par l'utilité des Etabliffemens qu'ils ont voulu former, ou qu'ils ont cherché à perfectionner. Il eft certain que les Ecrivains dont on vient de citer les Ouvrages, ont connu l'Auteur des Confidérations, ou fon Livre; & ne peut-on pas foupçonner qu'ils n'ont écrit que d'après lui?

M. le Marquis d'Argenfon, pendant les dernieres années de fa vie, a compofé différens Opufcules particuliers, qui font autant de développemens de fa grande & principale idée, & de l'application de cette idée à toutes les parties de l'Adminiftration. Les manufcrits de ces Opufcules exiftent en mains fûres, & méritent autant de voir le jour, que le Livre que nous préfentons au Public ; c'eft moins une nouvelle Edition de l'Ouvrage, déjà connu, de feu M. le Marquis d'Argenfon fur le Gouvernement, qu'un premier volume de fes Œuvres. Il pourra être fuivi de plufieurs autres, compofés de différens morceaux, dans lefquels ou il a développé fa grande idée, ou il en a établi quelques autres, qui prouvent également que c'étoit un excellent Citoyen & un vrai Philofophe; qu'il avoit le cœur pur & fenfible, & l'efprit droit & fage.

On trouve à la tête de fes derniers manufcrits une Préface affez longue, mais très-intéreffante, qui eft vraiment une Introduction à la lecture de toutes fes Œuvres. Elle indique parfaitement l'intention de l'Auteur, & l'efprit dans lequel il a écrit. Ce font des *notions préliminaires,* propres à donner la clef de ces Productions. Sans copier en entier cette Préface, qui renferme quelques traits de nature à n'être pas encore tranfmis à la Poftérité, l'Editeur a fait ufage de ce qu'il a trouvé de plus intéreffant, & l'a fondu dans cette Edition, qui n'a tant tardé à être publiée, que parce que, depuis la date de la premiere, les efprits ne lui ont pas paru affez difpofés à adopter & à faifir les principes de l'Auteur : mais convenons, à la louange des dernieres années de notre Siecle, qu'il s'eft éclairé ; accordons lui de tout notre cœur les juftes éloges qu'il mérite. Oferions-nous dire qu'il n'a plus befoin que d'être guidé dans l'ufage des connoiffances qu'il a acquifes ; & que, comme un enfant dont le cœur eft excellent, l'efprit lumineux, l'éducation telle qu'il n'y a plus que la derniere main à y mettre, il eft aifé de l'empêcher de s'égarer dans les conféquences qu'il peut tirer des excellens principes qu'il a reçus.

CONSIDÉRATIONS

SUR

LE GOUVERNEMENT

DE FRANCE.

OBJET ET OCCASION DE CET OUVRAGE.

C'EST une prévention presque générale en France, depuis le Ministere du Cardinal de Richelieu, que la gloire & la force de l'autorité Royale résident dans la dépendance servile des Sujets. Je me propose de prouver le contraire, & d'établir quelles étoient les imperfections du Gouvernement féodal; j'examinerai pour cet effet les différens Gouvernemens des Souverainetés de l'Europe, & j'espere montrer par cet examen, que l'Administration populaire pourroit s'exercer sous l'autorité du Souverain , fans diminuer la puiffance publique, qu'elle l'augmenteroit même , & qu'elle feroit la fource du bonheur des Peuples.

Ces vérités expofées , je propoferai quelques principes pour établir la meilleure & la plus fage Adminiftration, particuliérement en France.

. . . . Que dans le cours d'un regne floriffant ,
Rome foit toujours libre , & Céfar tout-puiffant.

Racine , Britannicus.

CHAPITRE PREMIER.

Définitions.

LA Monarchie est le Gouvernement *Polybe, l. 6, c. 7.* d'un Etat par un seul homme.

Par Monarchie absolue, on entend un Gouvernement où le Monarque rapporte tout à lui, ne considérant que son droit de propriété sur les Etats qu'il gouverne, & ne croyant pas devoir déférer aux conseils. Bientôt un tel Gouvernement dégénere en tyrannie, qui est l'abus de l'Etat Monarchique, par une usurpation suivie d'injustice & de violence.

La Monarchie ou Royauté bien entendue, au contraire, est le Gouvernement d'un Etat par un homme seul, qui considere moins son droit de propriété, que le bien de l'Etat qu'il gouverne, & dont il ne se regarde que comme le premier Magistrat.

L'Aristocratie est le Gouvernement de plusieurs, regardés comme plus nobles que les autres, composant un Sénat plus ou moins nombreux, dépositaire de l'autorité qui ailleurs est entre les mains du Monarque.

La Démocratie eft le Gouvernement du Peuple entier, ou de tous ceux qui font intéreffés à ce que la Nation foit bien gouvernée, fans diftinction de Nobles & de Roturiers.

Lycurgue fonda, par fa Légiflation, le Gouvernement de Lacédémone, compofé de Royauté, d'Ariftocratie & de Démocratie.

Les Philofophes Politiques ont donné ce genre d'Adminiftration comme le plus parfait de tous les Gouvernemens.

Les Anglois fe vantent aujourd'hui de le poffeder chez eux, par le plus jufte mélange.

Mais il eft humainement impoffible d'empêcher que tôt ou tard l'un des trois Gouvernemens ne gagne fur les autres.

L'Ariftocratie peut auffi fe fubdivifer en deux efpeces.

L'Ariftocratie légitime, où les gens diftingués par leur naiffance & leur prudence, gouvernent abfolument pour le bien commun.

L'Oligarchie, ou fauffe Ariftocratie, lorfqu'un petit nombre de Citoyens s'arroge toute l'autorité par ufurpation, & rapporte tout à fon intérêt & à fes paffions.

Tels furent à Rome les Décemvirs, peu

après qu'ils eurent été inftitués, & les Triumvirs, pendant tout leur regne.

Il en feroit de même d'une Monarchie où le Souverain ne fe mêleroit de rien, & n'ayant point de premier Miniftre, laifferoit gouverner cinq ou fix Miniftres, qui agiroient d'accord, ou, ce qui feroit encore pis, ordonneroient fans intelligence, fans concert, fans être convenus de leurs principes, & fans qu'on leur en ait prefcrit. Ce feroit une Adminiftration bien vicieufe.

Le Gouvernement par le Corps des Nobles, fans diftinction, fans choix, & fans aucun titre que celui de la naiffance, eft encore une Ariftocratie qui doit dégénérer en Anarchie ou en Acéphalie, c'eft-à-dire, être bientôt fans autorité comme fans Chef. Sous l'ancien Gouvernement féodal, qui a fubfifté en France jufqu'à ce que nos Rois aient eu des troupes réglées & foldées, nous étions dans ce fâcheux état.

L'exemple du plus parfait Gouvernement Ariftocratique qu'on puiffe citer, eft la République de Venife. L'autorité décifive & expéditive n'y eft point confiée à la multitude, mais à un certain nombre de Nobles, élus comme les plus fages, les plus juftes & les plus difcrets.

On préfumera toujours dans un Etat, que les Nobles d'extraction font nés avec des fentimens diftingués de courage & de vertu ; que l'exemple de leurs Ancêtres leur prêche continuellement la gloire de les imiter, & l'horreur de dégénérer, & que l'éducation leur donne des lumieres.

Voilà l'avantage du Gouvernement Ariftocratique ; mais il a cet inconvénient, que le Corps de la Noblefle étant féparé du refte des Citoyens, affecte de méprifer & d'accabler les Roturiers, qui font cependant les plus nombreux & les plus laborieux. Perfonne ne ftipule pour ceux-ci dans les délibérations générales, & chaque jour la Noblefle augmente fes priviléges & confomme fa féparation d'avec le refte de l'Etat.

Nos Loix fe reffentent trop de la part immenfe que la Noblefle a eue dans l'ancien Gouvernement.

On appelle Defpotifme, une autorité qui fe prétend indépendante de toute Loi fondamentale ou particuliere. La Tyrannie eft l'abus de fait, du pouvoir que le Defpotifme (s'il en exifte quelque part) prétend avoir de droit.

La fauffe Ariftocratie s'arroge la Tyrannie auffi bien que la Monarchie.

La Démocratie peut se distinguer aussi en fausse & en véritable.

La fausse Démocratie tombe bientôt dans l'Anarchie; c'est le Gouvernement de la multitude : tel est un peuple révolté, qui, n'ayant point encore adopté de principes certains, est insolent, méprise les Loix & la raison; son Despotisme tyrannique se manifeste par la violence de ses mouvemens, & par l'incertitude de ses Délibérations.

Dans la véritable & bonne Démocratie, on agit par Députés. Ces Députés sont autorisés par l'élection du Peuple. C'est sur cette mission qu'est fondée leur autorité ; leur devoir est de stipuler pour l'intérêt du plus grand nombre des Citoyens, dans la vûe de leur éviter les plus grands maux, & de leur procurer les plus grands biens.

Il n'y a en Europe de véritables États Démocratiques, que les cantons populaires de la Suisse.

Il y a donc trois sortes de Gouvernemens simples ; le Monarchique, l'Aristocratique, & le Démocratique.

La Royauté Monarchique est de tous les Gouvernemens le plus estimé par tous les bons Auteurs Politiques. Ils conviennent généralement, que l'expédition & la juſtice y opérent de grandes choſes en peu de temps ; qu'elle dégénere ſous des Princes puſillanimes, & ſe releve promptement ſous les grands Rois : mais il faut auſſi convenir qu'elle ſe tourne aiſément en Monarchie abſolue. Les paſſions humaines la conduiſent au Deſpotiſme & à la Tyrannie. A la fin, l'uſurpation détruit le pouvoir légitime, & fait taire l'ordre ancien des Loix conſtitutives & fondamentales.

L'Ariſtocratie dégénere également, ſoit qu'elle ſoit livrée à un petit nombre de Tyrans, ou qu'elle ſoit abandonnée à une multitude de Nobles qui gouvernent au haſard.

La Démocratie eſt encore plus ſujette à l'Anarchie & à la violence effrénée. Dans ſa ſituation la plus parfaite, elle eſt toujours expoſée à la lenteur des délibérations ; car les Députés craignent le déſaveu ; les intérêts, ſubdiviſés à l'infini, & les ſuffrages trop combattus les uns par les autres, manquent d'un point d'appui pour les arrêter & les fixer. Ainſi un tel Gouvernement eſt incapable de ces coups d'une exécution bruſque, mais qui ſont ſouvent l'effet d'une ſage prévoyance

&

& previennent la ruine d'un État. Dailleurs le secret est toujours mal gardé dans les États Démocratiques ; les hommes de mérite y ont à craindre la basse envie & l'ingratitude ; les passions n'y éclatent pas moins que dans les Cours : ces passions ont leurs influences sur toutes les opérations politiques ; elles sont plus déraisonnables, étant plus grossieres. Pour procurer aux Assemblées Démocratiques ce point d'appui dont je viens de parler, il leur faut un Protecteur qui presse la Démocratie de se bien régir, & qui empêche sa déformation.

Les Romains ont éprouvé chez eux toutes les especes de Gouvernemens que nous venons de définir.

Aujourd'hui, en Europe, presque tous les Gouvernemens sont mixtes, c'est-à-dire, mélangés de Monarchie, d'Aristocratie & de Démocratie. Mais ce mélange y est plus ou moins parfait : c'est ce que nous examinerons dans un des Chapitres suivans.

CHAPITRE II.

Principes & maximes.

A QUOI fervent de vaines fpéculations politiques, qui ne conduifent point à perfectionner le Gouvernement, à rendre les hommes plus heureux & l'État plus fort, mais fur-tout à faire la félicité du Peuple ?

Les favantes recherches fur le Droit Public ne font fouvent que l'hiftoire des anciens abus, dont on s'entête mal à propos, quand on s'eft donné la peine de les étudier.

Quantité de Mémoires qu'on préfente chaque jour pour propofer des établiffemens, excellent ordinairement dans leurs premieres parties : on démontre les maux de l'État ; mais quant aux remedes, les Auteurs retombent dans le puéril ou dans l'extravagant.

On ne peut remédier fubitement à d'anciens abus ; il faut toujours plus de temps pour les diffiper, qu'on n'en a mis à les introduire : l'abfurde & l'impraticable de ces expédiens ont jeté un grand ridicule fur tous les Novateurs Politiques.

Je demande qu'est-ce que doivent faire les Ministres d'un État bien gouverné ? Ils doivent être dans une activité perpétuelle, non pas pour altérer les principes, mais les appliquer à propos & suivant les circonstances ; autrement ces Ministres ne seroient que des automates, ou des ressorts qui remueroient l'État sans intelligence, par une force, pour ainsi dire, physique & non raisonnée.

Le changement dans les mœurs, les passions des Justiciables, & la négligence des *Justiciers*, demandent une critique continuelle & une révision assidue des anciennes Loix, afin de les étendre ou de les restreindre selon les besoins des hommes.

Tout est révolution dans ce Monde ; les États ont leurs temps de progrès & de décadence ; le courage des hommes a le sien. Qui auroit dit autrefois que les Romains deviendroient ce que sont les Italiens ? Qui peut prédire où iront les Moscovites ? Dans un siecle, il faut reprimer la fureur des combats ; dans un autre, il faut réveiller l'honneur qui s'endort au sein de la mollesse.

Pour une Nation qui, pour ainsi dire, défriche, tels que sont les Russes, il faut des Loix qui excitent au progrès des Arts.

Pour un Peuple auſſi policé que les François, il faudroit ramener à l'Agriculture
qu'on abandonne ; le ſavoir même a ſes
bornes pour le bien d'une Nation.

Rome ignorante a vaincu le Monde ;
elle eſt devenue la Capitale de l'Univers ;
elle a donné des exemples héroïques de
vertu.

Rome ſavante a été la proie des Barbares & l'aſſemblage de tous les vices.

Depuis que les Francs ont paſſé le
Rhin pour s'établir dans les Gaules, ils
n'ont jamais manqué de Légiſlateurs ; le
Droit Romain, même le Droit Canoni-
que, étoient un magaſin abondant de
Loix pour la Société ; mais il a toujours manqué aux François ce qu'on
appelle eſprit ferme & conſtant, l'eſprit
de ſuite ; & ce n'eſt pas par défaut de
génie, mais faute de conſtance, qu'ils
n'ont jamais travaillé qu'en petit dans les
Loix qui leur ſont particulieres.

La Légiſlation & la manutention de
l'ordre public ſont paſſées du Clergé aux
Gens de robe ; les uns & les autres ayant
étudié des corps de Droit pédanteſques
& remplis de formules & de formalités.
Tout eſt devenu forme en ce Royaume,
& autant de nouvelles Loix contre l'abus,

autant de sources fécondes de subtilités nouvelles & abusives.

Nous ne sommes point encore tirés des griffes de la Chicane ; les dernieres Ordonnances, publiées au nom du feu Roi, pour l'abréviation des procédures, les ont multipliées réellement ; elles ont occasionné de nouveaux frais aux Plaideurs, & les délais pour juger la forme, sont un préalable qui retarde plus que jamais les jugemens définitifs des procès au fond. Toutes les autres parties du Gouvernement ne sont pareillement qu'un chaos de regles, de gênes & de contradictions. La Finance, le Commerce, & même le Militaire, sont enveloppés dans ce dédale d'étude & de pratique.

Voilà une hydre dans notre Gouvernement ; mais s'il est vrai qu'il y a des abus, si l'on a raison de s'en plaindre, qu'on se persuade que tout Gouvernement est beaucoup plus difficile à réformer qu'à former ; car il faut aller aux sources & aux principes de sa composition ; il faut connoître le droit de convenance, qui est la voix de la raison & la source du bonheur public ; il faut savoir le préférer aux droits des titres, & même à celui de la possession, & dans un fi grand édifice, perfonne n'ofe pofer la premiere pierre.

Il a été facile aux petits efprits qui ont mis la main à notre Gouvernement, d'introduire des regles compliquées : mais où eft le génie qui ramenera les chofes du compofé au fimple ?

Tel eft cependant le véritable objet de la Science qu'on appelle Politique, conduire un État en le faifant paffer par tous les degrés de perfection dont il eft fufceptible.

Les flatteurs perfuadent aux Princes que leurs forces & leur attention ne doivent être employées qu'à les rendre redoutables au dehors. Le devoir leur dit le contraire : & la gloire, dont il eft tant queftion pour immortalifer les regnes, que confeillera-t-elle, même aux Princes conquérans & ambitieux, quand leurs intérêts feront bien entendus, finon que les forces d'un Etat tombent par négligence, & s'augmentent par la bonne adminiftration du dedans ?

Lieux communs, fi l'on veut, que la redite de ces maximes ; mais elles ont été fi peu appliquées jufqu'ici, qu'elles ont plus que jamais le droit d'être méditées.

Ne fe laffera-t-on pas d'eftimer comme les plus grandes époques d'un regne, l'acquisition ou la conquête d'une Province ? & a-t-on toujours exactement calculé combien il en coutoit à l'abondance des anciennes Provinces, pour en acquérir une nouvelle.

Un nouveau trône mis dans la Maison Royale, a couté à la France la moitié de ses forces intérieures.

Des bâtimens immenses chargent l'Etat de dettes ; une branche de commerce acquise à prix d'argent, ne procure qu'une fausse utilité au Royaume en général, & enrichit seulement quelques villes, ou des particuliers qui sont déjà dans l'abondance.

Voilà pourtant les grands objets qu'on regarde ordinairement comme le fruit de la Politique ; voilà ce qui fait l'éclat des regnes. Nous respectons encore ces préjugés, restes de barbarie, vestiges de l'ancien chaos.

Les autres Sciences sont approfondies. La Politique est dans son enfance ; on ne veut ni réfléchir ni calculer ; & si on raisonne avec liberté, on trouvera qu'en tout cela nous ressemblons à ce cerf de la Fable, qui se glorifioit de son bois embarrassant, & qui méprisoit ses jambes agiles.

B iv

Nous avons des mines abondantes dans l'Agriculture, une induſtrie, une ſituation & des forces ſuffiſantes que nous négligeons ; tandis que nous nous livrons à une fauſſe idée de grandeur & d'acquiſitions, qui nous affoiblit.

Au lieu de cette diſſipation extérieure, nous augmenterions nos forces en les concentrant davantage. Portons notre principale attention ſur les affaires de la campagne, ſur le commerce intérieur, préférable infiniment à celui du dehors ; ſur la meſure de liberté & de gêne qu'il faut laiſſer aux travaux des Citoyens, ſur l'égalité des biens, ſur les habitations & la population, ſur les reſſorts de l'intérêt qui fait agir ou qui fait négliger ; voilà des objets pour le Gouvernement politique, qui produiroient la véritable gloire, même au dehors, & non une gloire vaine & ſtérile qu'on a coutume de rechercher.

On ne penſe pas aſſez à cette meſure de liberté dont je viens de parler ; c'eſt celle que les Loix doivent laiſſer à ceux qui leur ſont ſoumis, pour qu'ils conſervent tout l'eſſor naturel qui conduit aux grandes choſes ; mais qui réprime, quand il faut, la licence qui trouble l'ordre général : ſouvent ou tout eſt gêne, ou tout eſt déſordre.

Cette observation ne tombe pas seulement sur le simple particulier sujet à la Loi ; elle s'applique encore mieux à ceux qui la font observer, & à la Loi même.

Les Souverains doivent tirer leur premiere regle de conduite de celle de Dieu même, qu'ils doivent imiter en gouvernant.

Dieu gouverne, Dieu concourt ; mais il laisse agir librement les causes secondes : de même un bon Roi doit régler par lui-même les principales affaires de son Etat ; les premieres par une action immédiate, les secondes par un pouvoir émané & délégué.

En plusieurs choses il soutient, il protege ; en d'autres, il encourage par divers moyens ; souvent il ne se réserve qu'une secrete inspection, & voit opérer plutôt qu'il n'opere.

Tout l'art du Gouvernement ne consista jamais qu'en cette parfaite imitation de Dieu. Les Politiques ont épuisé leurs réflexions à donner ou à retrancher du pouvoir de celui qui gouverne, en faveur de ceux qui sont gouvernés.

La puissance Tribunitienne, chez les Romains, le droit des Communes & des Parlemens chez les Anglois, celui des

Etats Nationaux, Provinciaux , ou de Remontrances chez nous ; de tous ces remedes mal appliqués, il ne réfulte que des maux ; ils partagent la puiſſance, tandis qu'elle doit être une & décidée. Celle de Dieu eſt la plus ſouveraine qu'on puiſſe imaginer ; elle eſt infinie ; mais elle nous laiſſe notre pleine liberté pour les choſes qui nous regardent ; nous croyons même ſouvent avoir ce qui peut nous manquer : par-là l'eſclave ſe croit maître , & agit comme tel ; nos actions & nos mérites ſont à nous.

Dieu arrête l'uſage de notre liberté , quand nous en méſuſons , ſur-tout à l'égard des autres , & il nous examine avec une juſtice exacte & infatigable.

Voilà l'exemple tracé pour la conduite des Souverains & de cette Puiſſance publique dans le Monde. Je ne ferai que répéter le portrait d'un modele infini , en l'appliquant à ſon parallele mortel & fini. . . . . Les Officiers Royaux ſont ceux qui n'agiſſent, dans leurs fonctions, qu'au nom du Roi , & qui le repréſentent.

Toute adminiſtration dans le détail du Gouvernement , pour avoir le meilleur ſuccès , doit être conduite par le Roi , ou au nom du Roi par les Officiers qui le repréſentent.

Mais il est possible que l'inspection Royale nuise quelquefois ; car l'action du Sujet étant plus libre, n'en est-elle pas meilleure ?

On doit admettre que cette inspection est nuisible, quand elle est poussée jusqu'à une gêne superflue. Tout doit avoir son ordre & ses loix ; tout doit avoir l'action & le ressort qui lui rendent ces regles salutaires. Ce n'est pas inutilement que le Législateur éternel nous a voulu laisser l'usage de notre liberté, comme la portion la plus précieuse de notre être. C'est peut-être en ce juste mélange d'attention & d'abandon, que consiste tout l'art du Gouvernement. Il en est de même de l'éducation des enfans. Si vous poussez trop loin l'attention, bientôt l'Art étouffe la Nature ; celle-ci ne se connoît pas elle-même, & ne fait rien produire ; au contraire, si vous négligez trop un Eleve, les vices de l'humanité prennent le dessus.

Cet art si difficile, composé de modération & de sévérité, ne regarde pas seulement la conduite de chaque Particulier ; il a pour objet le Corps des Citoyens, les Villes & les Provinces entieres.

Chaque intérêt a des principes différens. L'accord de deux intérêts particuliers fe forme par une raifon oppofée à celui d'un tiers. C'eft ce qui rend les Loix générales fi difficiles à bien compofer.

Pour éviter qu'elles ne foient nuifibles, elles ne peuvent être trop fimples. Au défaut des Loix générales, l'arbitrage du Juge fait la Loi. Il faut donc remettre un détail néceffaire entre les mains des Juges, fi vous ne voulez pas qu'ils foient vicieux ou tyrans par ignorance ou par partialité.

Il y a des intérêts de Communauté à Communauté, comme d'homme à homme ; il y en a entre les Provinces & les Villes, ainfi qu'entre les Nations. Le même principe s'applique à ces diverfités. Le Souverain doit connoître quand il faut gêner les intérêts, pour les empêcher de fe choquer, & quand il faut les laiffer agir avec tout effor & toute liberté pour le bien général.

Pour lui permettre cet effor néceffaire, il faut que les différens Corps de Citoyens puiffent s'affembler, fe concilier, & agir avec une certaine indépendance. Voilà ce qui a produit originairement dans les États ce qu'on appelle *le Droit de Commune*, les Officiers Municipaux ou Populaires ; véritable Démocratie qui réfide au milieu de la Monarchie.

Le peuple est naturellement porté à la licence, & en cela il est ennemi des Rois : cependant a-t-il jamais détruit ou affoibli la Monarchie, quand on lui a permis d'avoir ses Officiers, comme le Prince a les siens ?

Le plus grand défaut du Gouvernement Monarchique & absolu, c'est qu'il veut tout gouverner par ses Agens directs & Royaux. Le Prince & son Conseil en général ont communément une bonne intention ; ils voudroient tout régler au mieux & remédier aux abus ; mais le Ministre ou Conseiller particulier a souvent mauvaise intention, ou, si elle a été moins mauvaise d'abord, elle se corrompt bientôt : il veut s'arroger plus de pouvoir & de profit ; & il arrive que les abus augmentent au lieu de diminuer, & qu'ils sont d'une espece bien plus pernicieuse que ceux où peuvent tomber la multitude & les intéressés à la chose, comme à une branche de commerce, ou à un point de police. Dans les mains du Ministre, l'objet perd son activité ; on néglige, on abuse ; bientôt c'est l'intérêt particulier qui dirige tout ; il étouffe toute idée du bien public, & tout dépérit par-là.

Avec quel tempérament, avec quel art

pourroit-on permettre une espece d'indépendance au milieu de la dépendance ?
Jusqu'où l'une & l'autre peuvent-elles être
poussées, sans se nuire essentiellement ?

Il faut d'abord considérer ce grand
principe ; c'est dans l'union des parties
que consiste la force d'un tout. En conséquence, lorsqu'on craint la sédition
dans une ville, on empêche les Citoyens
de s'assembler dans les places publiques.

Il s'ensuit du même principe, que
l'assemblée des Etats Généraux est dangereuse à la Monarchie (quoi qu'en dise
M. de Boulainviliers, à l'honneur de Char-
lemagne & de notre Nation). Les Etats
d'une grande Province sont moins dangereux ; cependant ils le seroient, s'ils
étoient absolus & non éclairés : mais
l'assemblée du Corps de Ville le plus considérable, s'il ne fait pas partie d'une ligue,
ne deviendra jamais capable de rien entreprendre contre le Souverain d'un Etat.

L'union fait la force, la désunion produit la foiblesse. Ainsi on peut diviser les
parties d'un Etat, & subdiviser les spheres
d'autorité, jusqu'au point où elles se suf-
fisent à elles-mêmes pour se bien gouverner, mais où elles ne puissent porter
ombrage à l'autorité-générale d'où elles
émanent.

Ce seroit donc un bon plan de Gouvernement, que celui où l'on morceleroit plus ou moins les Corps Nationaux & Municipaux, trouvant l'art d'en écarter le danger, & de faire que de leur indépendance il ne résultât pas une trop grande force.

Cette indépendance, du moins apparente, agiroit avec cet esprit de liberté qui encourage tous les travaux & augmente les profits sans détour & sans trouble, tandis que la servitude sentant qu'elle n'acquiert que pour autrui, n'est bientôt plus que paresse, stupidité & misere.

Plus le peuple sent, dans les Réglemens, son intérêt direct & prochain, plus il se prête volontiers ; il devient lui-même le solliciteur de la Loi : & peut-il y avoir d'autres Loix durables, que celles qui se maintiennent par l'agrément & l'utilité du plus grand nombre ?

L'autorité Royale juge la premiere du besoin de la Loi ; & elle la maintient aisément, lorsque l'intérêt du public y veille de concert avec elle.

De là, deux pouvoirs nécessaires à soutenir dans leurs rôles différens ; l'un doit être maintenu par les Officiers Royaux, l'autre par les Officiers du Peuple.

A-t-on eu jufqu'ici, dans notre Gouvernement, des idées bien nettes de ces deux fonctions ? les Officiers Royaux ne fe trouvent-ils pas aujourd'hui chargés feuls de la police générale & particuliere, de l'entretien de tous les ouvrages publics, de l'exécution des Loix ; de ftipuler eux feuls les intérêts du Public, qu'ils ne peuvent fouvent ou ne veulent pas connoître , & de pourvoir à toutes les chofes où les Repréfentans du peuple & les plus fimples Particuliers euffent mieux travaillé pour le bien commun , que tous ces Agens Royaux qui ne participent à la Royauté que par fes défauts.

Un grand bâtiment fe conduit par un Architecte & quelques Piqueurs fous lui ; mais tout n'y eft pas en ordonnateurs ; il y faut des bras, & ces bras font les Ouvriers qui travaillent pour leur compte & à leur tâche. A toute œuvre compliquée , il y faut la tête pour conduire, & les bras pour exécuter. L'exécution doit jouir d'une certaine liberté qui laiffe l'ufage de fon intelligence , & un intérêt d'honneur & de profit qui anime l'émulation. Dans cette comparaifon , nous trouverons l'image des deux pouvoirs dont je viens de parler, comme les Romains la trou

verent

verent dans le célebre apologue des membres & de l'estomac.

Nous voyons que la Nature se répare d'elle-même en tout individu : un sage Médecin n'entreprend point de suppléer aux fonctions naturelles de son malade ; le plus habile laisse beaucoup à faire à la Nature.

Si l'intérêt public est écouté, si on le laisse agir sans confusion, il produit un mouvement de continuité & de renouvellement qui va en augmentant, & se perfectionne, au lieu de se relâcher ni de cesser. Voilà ce qui fait fleurir l'intérieur des Républiques ; telle est la source des Loix efficaces, & l'exclusion des fausses subtilités dans leur exécution.

Au contraire, dans un État qui n'est occupé que des intérêts du Despotisme, tout est violence ou négligence ; les ressorts ne marchent que par secousse ; les impulsions au bien ne sont que momentanées ; quelque éclat au dehors, tout est langueur en dedans ; il vaut bien mieux, en maintenant les Loix constitutives de la Monarchie, laisser son action au corps de la Nation, & ne réserver à l'autorité Royale que la décision sur les principales difficultés.

C

A l'égard des Réglemens qui concernent le fimple peuple , fes intérêts, fa profpérité, les foins particuliers, locaux, momentanés, qui ne peuvent fe réduire à des principes généraux, ou à une exéution uniforme, qui peut mieux s'en acquitter que les Syndics du Peuple même ?

La puiffance publique, l'adminiftration générale roulent fur deux grands points , la juftice & la force : le Public, intéreffé à ce qu'elle foit bien exercée, peut mieux connoître la juftice ; il faut que la force foit entre les mains d'un feul, ou employée en fon nom.

Les Miniftres choifis par le Monarque feul ont ordinairement les **défauts de leurs commettans** ; ils s'occupent plus du maintien de leur autorité, que du bien général. **Les** bons Rois devroient faire de leur Peuple leurs Miniftres, ou du moins l'admettre dans leurs confeils ; ils ne craindroient pas d'être alors abufés, & leur Nation ne feroit point trahie.

Quelle belle idée que celle d'une République protégée par un Roi, & qui fe gouverne d'autant mieux, qu'elle eft mieux protégée! L'Ufurpateur Cromwel fe déclara Protecteur de l'Angleterre. O Rois! vous devriez envier ce beau titre à ce détestable Tyran.

Un Roi a communément plus de raison de se confier en son Peuple, qu'aux Grands de son Royaume ; en effet, ceux-ci peuvent porter leurs prétentions jusqu'à usurper l'autorité Royale ; du moins veulent-ils la partager. Le Peuple, au contraire, ne forme point de pareils projets ; il consent à servir, pourvu que ses Maîtres soient bons & justes. La Noblesse rampe quelquefois, & la flatterie qu'elle prodigue est plus goûtée du Souverain, parce qu'elle semble l'honorer ; mais les éloges & les complimens du Peuple sont plus simples & de meilleure foi. Quand les Rois peuvent les entendre, c'est à ceux-ci qu'ils doivent s'en rapporter ; mais on les trompe sur la vérité & la réalité de ce qu'on pense d'eux : c'est ce qui doit faire trembler les Rois ; tel s'imagine être aimé de toute sa Nation, qui en est haï & méprisé. En général, les Rois n'aiment point à être Tyrans ; mais la plupart le sont sans le savoir.

Il faut être autant en garde contre la réforme, que contre les abus. Il y a bien des abus qui ne peuvent se rectifier sans renverser l'usage établi de tous les temps, & changer la constitution de l'État; mais on conclut souvent mal à propos de l'abus, contre l'établiſſement même. Comment ne ſent-on pas que ce qui ſubſiſte depuis bien des ſiecles, eſt toujours fonciérement bon , & propre au Pays ,& à la Nation qui l'ont adopté. La plupart des établiſſemens ont été bons dans leur principe, & ſe ſont enſuite gâtés & déformés; il ne faut que les ramener à leur inſtitution primitive. Quelquefois auſſi ces établiſſemens ont été d'abord mauvais ; maïs ils ſe ſont rectifiés d'eux-mêmes dans le cours de leur durée, & enſuite déformés. Dans ce cas, il faut les ramener au point où ils ont été le plus utiles.

J'avois à établir ces principes préliminaires , avant que d'en expoſer l'application par des exemples, & de propoſer des conſeils.

CHAPITRE III.

De la Monarchie, de l'Aristocratie & de la Démocratie chez les Nations étrangeres à la France.

ARTICLE PREMIER.

Division des Gouvernemens de l'Europe.

Nous avons déjà distingué les especes de Gouvernemens.

Il y a en Europe quatre Républiques Aristocratiques ; Venise, Gênes, la Pologne, & le Corps Germanique ; deux Démocratiques, la Hollande & la Suisse : de grandes Monarchies, telles que la France, le Danemarck, l'Espagne, le Portugal, la Sardaigne, le Pape, les deux Siciles, & les Souverainetés particulieres de l'Allemagne & de l'Italie : deux Puissances passent pour être Despotiques, la Russie & la Turquie ; deux Gouvernemens font mêlés de Monarchie, d'Aristocratie & de Démocratie, ce font ceux de l'Angleterre & de la Suede.

On n'exposera point dans ce chapitre quel est le Gouvernement François, sur lequel on s'étendra assez dans la suite de cet Ouvrage.

C iij

Article II.

De l'Angleterre.

Le Gouvernement de l'Angleterre eſt le plus intéreſſant de tous ceux de l'Europe ; mais les Anglois ſe perſuadent ſans doute que leur conſtitution eſt très-différente de ce qu'elle eſt en effet. La Monarchie Angloiſe a été deſpotique, comme toutes les autres l'ont été au ſortir de la barbarie ; enſuite les Seigneurs ou Barons ſe ſont élevés à côté du Monarque, & enfin le Peuple, aidé d'abord par le Roi, a fini par gagner ſur le Monarque & ſur les Seigneurs. De ces trois pouvoirs qui ſubſiſtent enſemble, chacun vante ſes droits, mais meſure mal l'étendue de ſon pouvoir. Leurs ſuccès ont dépendu du temps, des circonſtances, & des Rois qui les ont gouvernés.

Les Anglois penſent avoir puiſé dans le Gouvernement des Romains tout ce qu'il y avoit de meilleur, & avoir corrigé ſes défauts ; mais ils doivent, pour ainſi dire, au haſard leur conſtitution actuelle. Leur activité leur a procuré une richeſſe ſemblable à celle de Carthage, & cette richeſſe fait déjà l'objet de l'envie des Nations.

Un peuple de Marchands ne s'adonne jamais à la guerre ; quelque valeureux qu'il foit par lui-même , il dédaigne la force , & s'enfevelit dans fes commodités. Les troupes mercenaires & étrangeres fervent mal les defteins de l'État ; elles ne tiennent pas contre celles qui font la guerre pour le compte de leur propre Nation.

On ignoroit chez les Anciens ce fléau qui accable aujourd'hui les grands États, appelés *dettes nationales*. La guerre fe faifoit alors *en nature* , & actuellement elle fe fait, pour ainfi dire, *en argent*. Les Anglois, qui ont, dans l'étendue de leurs Ifles , moins de reffources réelles qu'ils n'ont trouvé de crédit , fondés fur l'opinion de leur commerce & du bon ordre de leurs finances , ont mis à la mode cette maniere de tenir tête aux Puiffances qui ont le plus de terres & d'hommes : mais la richeffe entraîne une facilité de dépenfer, qui engage à excéder fes forces ; le temps préfent prend fur l'avenir ; les dettes publiques étant une fois accumulées , forment un obftacle à toute entreprife politique. Si l'État devient pauvre en épuifant fon crédit, & que les Particuliers reftent riches, ceux-ci fe détachent en-

core davantage de l'intérêt commun , &
il eſt plus difficile d'en tirer des ſecours,
qui ne s'accordent que par zele ou par
ſoumiſſion.

Ce qui feroit connoître au peuple Anglois ſes véritables intérêts , ne peut rou-
ler que ſur trois grands motifs, celui de
la Religion , celui de la liberté , & celui
du commerce. Mais le premier objet eſt
trop indifférent aux Anglois ; ils regardent le ſecond comme leur étant parfaitement acquis , & ils ne s'occupent plus
que de l'argent ; tout va à l'argent chez eux.
C'eſt de là qu'eſt né chez ces Inſulaires ce
ſyſtême de corruption qui perdra peut-
être l'Angleterre. Le Roi ayant encore la
diſpoſition de quelques ſommes, a d'abord
acheté des voix dans le Parlement, pour
ſoutenir ſon autorité ; à la fin il a fallu
payer les Repréſentans de la Nation, pour
leur faire agréer les arrangemens les plus
utiles à leurs intérêts , les empêcher
d'uſer du pouvoir légiſlatif qu'ils ſe ſont
attribué , pour faire de mauvaiſes Loix
ou les engager à les détruire par des bills
contraires. Eſt-ce un Gouvernement parfait , que celui qui eſt réduit à de pareilles extrémités ? Convenons cependant
que ce Gouvernement étoit parvenu à un

certain degré de perfection ; mais le Peuple a abusé du pouvoir qu'il avoit obtenu. Il auroit besoin de se faire des principes plus certains, & de mieux régler le choix de ses Représentans & l'usage du pouvoir qui leur est confié.

Depuis l'affreux regne du cruel Henri VIII, les Anglois ont craint leurs Rois comme leurs plus mortels ennemis. La gloire du regne d'Élisabeth n'a pu les réconcilier avec la Royauté. Les Stuarts se sont fait mépriser. On a soupçonné ces Monarques d'avoir dans le cœur & dans l'esprit des principes despotiques, & de ne manquer que de force pour les employer. Hélas ! ces Princes infortunés manquoient plutôt de toute espece de principes ; leurs Sujets les ont durement corrigés. Il paroît que les Anglois n'ont point senti & ne sentent point encore qu'il y a un bien meilleur parti à tirer de la Royauté, que celui d'anéantir son autorité. Ils auroient pu rendre leurs Rois utiles, ils les rendent nuls ; ils les forcent à trembler, mais ne les engagent point à bien faire. Ce n'est point là avoir trouvé ce parfait mélange des trois Gouvernemens, qui est vraiment la pierre philosophale de l'Administration publique. Oui, le chef-d'œuvre de l'esprit humain eft ce jufte mélange; mais il y a toujours à craindre que ces trois rivales ne ceffent jamais de fe combattre jufqu'à l'entier anéantiffement de deux; elles peuvent bien être admifes enfemble pour être confultées, ou pour refter en fubordination l'une de l'autre; mais tant qu'elles fe trouveront en concurrence de droit & de force, elles fe choqueront & fe détruiront à la fin.

A R T I C L E III (*).

La Suede.

La Suede a éprouvé toutes fortes de révolutions dans fon Gouvernement. A peine les Rois de ce pays venoient-ils d'obtenir le pouvoir arbitraire, que Charles XII en a dégoûté les Peuples; &, auffi-tôt après fa mort, on a puni fes Succeffeurs de fon pouvoir, on a rendu la Couronne élective, & on a foumis l'autorité Royale à celui des États Généraux du Royaume.

La circonftance d'une nouvelle Maifon établie fur le Trône, a fervi pour déterminer la Nation à déférer fans trouble aux volontés du Sénat. Mais qu'on ne

______

(*) Ecrit bien avant la Révolution de 1773.

s'attende pas que cette Administration doive toujours durer ; je viens d'établir le principe contraire, en finissant l'article de l'Angleterre.

Cependant l'avarice n'est point le défaut des Suédois, comme elle est celui des Anglois. La soif de l'or est comparée à celle qu'ont les Hydropiques ; plus on a, plus on souhaite : par la raison des contraires, moins l'on a, moins l'on désire. L'or manque en Suede, les Particuliers le recherchent peu ; mais on y reçoit volontiers nos subsides, qui donnent de grandes forces à l'État en général. On y veut du travail, de la gloire & quelque aisance ; le sol y fournit à peine le nécessaire.

La Nature, marâtre en ces affreux climats,
Ne produit, au lieu d'or, que du fer, des soldats ;
Son front tout hérissé n'offre aux désirs de l'homme
Rien qui puisse tenter l'avarice de Rome.

     Crébillon, Rhadamiste.

Tels étoient autrefois ces pays du Nord qui ont inondé le Monde de leurs habitans. Alors la Nature suffisoit à l'homme, la Religion n'avoit pas encore mis en regle le mariage ; les accouplemens indifférens y donnoient plus d'habitans que la terre n'en pouvoit porter. Les mœurs y sont certainement bien changées ; mais il y reſte encore un eſprit d'économie & de déſintéreſſement ; le pays même a cette qualité, qu'à choſes égales, il ſe peuple plutôt que les autres, quand la guerre a ceſſé de le dépeupler.

Ainſi la Suede s'eſt racommodée ſenſiblement depuis qu'elle jouit de la paix, c'eſt-à-dire, depuis la mort de Charles XII. Un des plus grands avantages dont le Ciel puiſſe douer une Nation, eſt que le repos y rétabliſſe les forces, ſans y énerver le courage.

En Suede, l'eſprit national eſt l'honneur ; le luxe ni la douceur de l'air n'y peuvent amollir les habitans. Avec un tel principe & une ſemblable Adminiſtration, les affaires du Public, moins abandonnées aux Officiers Royaux, doivent être mieux ſoignées, la police générale & particuliere tout autrement exercée, les intérêts nationaux mieux connus, la campagne & les petites villes plus habitées & plus floriſſantes.

La vénalité des Offices n'y a pas été introduite. En France, elle a tout inondé d'Offices burſaux, qui ont ôté toutes fonctions aux véritables protecteurs de l'intérêt public ; elle eſt même devenue un moyen ordinaire de lever de l'argent, & rien n'a échappé à cette fatale vûe.

La Suede se tourne de plus en plus en République, par l'autorité du Sénat & la fréquence de l'assemblée des États Généraux. La Royauté se réduit à une simple Présidence, comme celle des Doges de Venise & de Gênes, & comme seroit le Roi de Pologne, s'il n'avoit pas des États Héréditaires hors du Royaume.

Quand de pareilles Républiques voudront conserver leurs prérogatives, qu'elles se préservent d'élire des Chefs, ayant pour eux des appuis étrangers, comme sont les Princes des grandes Maisons régnantes en Europe, & sur-tout ceux qui possedent ailleurs des Souverainetés considérables. Plus ces appuis seront importans, plus le droit d'élection sera en danger, & la liberté des Peuples près de sa fin.

Un Roi de Pologne Electeur de Saxe, un Roi d'Angleterre riche & puissant en Allemagne, & même un Prince d'Orange trop grand Seigneur dans les Provinces Unies & trop bien allié, tout cela peut être dangereux pour l'équilibre des suffrages & la liberté Républicaine, qui peut craindre de ne les avoir élevés qu'à fon propre dommage.

Lorfqu'indépendamment d'un Roi ou Doge fans autorité , les États Géné-raux d'une Nation font compofés de trois Ordres , Clergé , Nobleffe , Tiers-État, & même Payfans , comme en Suede, & qu'il faut que les délibérations de ces Ordres différens concourent également aux décifions , le Gouvernement n'en eft pas moins mixte ; car l'Ariftocratie con-fifte dans le privilége exclufif attribué à la Nobleffe de gouverner les Roturiers. Dans la Démocratie , la Nobleffe ne fait que partie du Peuple , & eft confondue avec lui.

La Suede eft donc un Gouvernement mixte, comme l'Angleterre ; mais elle n'a pas encore pris une affiette bien fixe. Mille circonftances , divers accidens peuvent déranger l'équilibre de ce mélange. des différens Gouvernemens. Comment ce chaos fe débrouillera-t-il ? Ne fera-ce pas un bien pour la Suede , fi la Monarchie, rectifiée & modéree , prend le deffus ?

ARTICLE IV.

Venise.

La République de Venise eſt purement
Ariſtocratique ; les Nobles y regnent,
non avec confuſion, mais au contraire
avec un ordre & des regles conſtantes,
qui ont fait, avec raiſon, l'admiration des
Politiques.

L'ordre Ariſtocratique établi à Venise,
n'accorde pas ſeulement les Nobles entre
eux, il garantit encore la République de
ſe déformer & de paſſer à la Démocratie ;
il met même quelque frein à la tyrannie,
du moins du plus grand nombre des
Nobles ſur les Roturiers. En Pologne, le
Payſan n'eſt garanti que par le ménagement que chacun a pour ſon bien ; l'habitant y eſt ſerf ou eſclave. A Venise, la
jalouſie des Nobles moins aiſés, contre
les plus riches, maintient l'ordre, ſou-
tient les Loix & la morale, & préſerve de
la vexation. L'habitant eſt conſidéré
comme appartenant à la République &
non à la Nobleſſe, & y eſt ménagé en
cette qualité.

Il ne réſulte donc de la ſupériorité de
la Nobleſſe ſur les autres Citoyens, aucun

appauvriſſement dans le plat-pays ; au contraire, les Peuples ſont fort ménagés en Terre-ferme, par prudence ; on y eſt doux, faute de citadelles & d'armée. La République cherche à retenir ſes Sujets par amour, & elle ne ſe ſouvient que ſes Provinces ſont pays de conquêtes, que pour les ménager davantage. Quand on la dépouilla rapidement par les ſuites de la Ligue de Cambrai, les Provinces qui lui étoient enlevées regrettoient le joug de Saint-Marc, & y rentroient avec joie.

De cette obſervation, il réſulte une choſe remarquable pour la matiere que nous traitons, c'eſt que le peuple, ſous un Gouvernement auſſi Ariſtocratique que celui de Veniſe, jouit cependant des avantages de la Démocratie en Terre-ferme. Les Nobles de Terre-ferme ſont humiliés par les Nobles Vénitiens, & le Peuple y eſt tranquille & heureux : exemple à citer devant une Monarchie, qui peut plus aiſément l'adopter, que l'Ariſtocratie n'a pu le produire.

Les Républiques ſont deſtinées à concentrer leurs forces, & à demeurer contentes de ce qu'elles ont ; malheur à elles, quand elles veulent trancher de la Royauté ! ou il leur arrive de tomber ſous les
Tyrans,

Tyrans ; comme la République Romaine, ou de fe ruiner par des guerres d'humeur ou par des efforts malheureux, comme Carthage, & fucceffivement Athenes, Sparte & Thebes, lorfque ces illuftres Républiques prétendirent dominer fur le refte de la Grece, & s'étendre en Italie & en Sicile.

Venife elle-même a éprouvé les abus d'une politique trop raffinée & trop ambitieufe. Elle avoit trop étendu fes conquêtes, fous prétexte d'étendre fon commerce & celui de fes Concitoyens ; elle avoit infpiré une envie univerfelle par un commerce forcé ; enfin, elle mortifioit fes voifins par des vûes inquietes ; mais elle eft revenue de fes erreurs, & fent à préfent qu'une fage République obferve plutôt qu'elle n'appuie les intérêts des autres Puiffances dans les affaires générales de l'Europe.

Article V.

Gênes.

Gênes imite Venife ; mais il s'en faut bien que les principes de ces deux Gouvernemens foient également bons. La preuve en eft dans toutes les révolutions

D

que nous expofe l'Hiftore de Gênes ;
révolutions venues des défauts internes,
de l'envie des Citoyens, des intrigues
des partis acharnés à fe perdre, comme
ceux des Adornes & des Frégofes, appe-
lant alternativement les grandes Puiffances du dehors, pour fubjuguer la République ; & enfin de la concurrence de
deux ordres dans la Nobleffe, que l'on
diftingue par les noms d'*ancien* & de *nouveau Portique*. Il faut convenir cependant
que cette divifion, qui autrefois a produit
des troubles dans Gênes, a fini par n'a-
voir plus d'autre effet que celui d'une
fimple émulation entre les familles ; de
nos jours même elle s'eft réduite à rien.
Il s'eft formé des alliances & des liaifons
d'amour ou d'amitié entre les Nobles des
deux Portiques, & des jaloufies entre
ceux d'une même origine, qui ont tout
confondu ; ainfi cette caufe de féparation
ne fubfifte plus. Au refte, il faut qu'il y
ait toujours quelque jaloufie entre les
Membres d'un Etat Républicain ; quand
elle n'eft pas trop forte, elle eft utile ;
car les uns contrôlent les autres.

La République de Gênes eft commer-
çante, & même *banquiere*. Elle a con-
tracté les défauts des profeffions qu'elle a

embraffées ; la fource de fes richeffes l'a rendue odieufe ; &, de tout temps, la réputation des Génois a été leur plus cruelle ennemie.

Toutes ces petites Républiques n'ont fouvent qu'un inftant de chaleur pour le bien commun ; c'eft dans les premiers momens d'une liberté recouvrée, ou lorf-qu'on fe croit en danger de la perdre entiérement : alors tout eft héroïfme & merveille ; mais bientôt, dans le calme, tout devient indolence & apathie ; l'intérêt particulier occupant feul, mine l'intérêt général. L'inégalité des fortunes trouble l'ordre ; les places & les honneurs ne fervent plus qu'à nourrir l'ambition des Particuliers.

ARTICLE VI (*).

La Pologne.

La Pologne, que j'ai déjà citée, pré-fente à la fois tous les inconvéniens de l'Ariftocratie & de la multitude, quoique le Gouvernement ait fes regles, bonnes en apparence, & que la Nobleffe s'eft dictée à elle-même.

(*) Il eft inutile d'avertir que cet article n'a prefque plus d'application à l'état actuel de la Pologne.

La folie de chaque Nation est de vanter ses propres Loix, & la sottise des Etrangers est d'admirer celles qu'ils ont pris la peine d'étudier. Ils se récompensent par des éloges, du temps qu'ils ont perdu à les approfondir : on en fait accroire aux autres, & on s'entête soi-même de ce qu'on sait & que le reste ignore. C'est ce que j'ai vu arriver par rapport aux Loix de la Pologne, tant aux Polonois mêmes qu'à des gens qui avoient vécu chez eux. Mais quand la constitution de ce Royaume eût été bonne, le Pays ni la Nation ne pouvoient en profiter ; & l'on a déjà vu, & l'on verra encore mieux par la suite, à quoi ces belles Loix pouvoient servir aux Polonois.

La Pologne se glorifie d'avoir retenu la puissance Royale dans les plus justes bornes, leur Roi ne pouvant faire que des graces & jamais de mal ; effectivement, il donne des Charges qu'il ne peut ôter ; il accorde rémission des peines, & n'a pas ce qu'on appelle droit de vie & de mort. Mais peut-on conduire les hommes par les seules récompenses & sans la crainte des peines ? On est flatté par l'espérance ; mais le commun des hommes manque à tous ses devoirs, faute

de crainte. Le Roi de Pologne homo-
logue les délibérations de la République,
& ne peut les hâter ni les changer.

Nulle liaison entre les différentes parties de l'Etat, nulle discipline, & impof-
fibilité de l'introduire au milieu de voisins
ou barbares ou ambitieux.

L'esprit & la valeur des Polonois ont
pu leur être utiles & glorieux il y a cent
ans & plus ; mais depuis que les autres
Nations ont appris tous les nouveaux
Arts qui rectifient les Gouvernemens, &
ont fait tant de découvertes modernes
dans le métier de la guerre, la valeur
Polonoise devient inutile, faute de nerf
& de conduite. Nulle voix n'est écoutée
dans les Dietes, & leur éloquence naturelle (car ils en ont) est en pure perte ;
les priviléges s'opposent à tout, & n'excitent à rien. Le Pays est pauvre
en argent, & même en productions.
Chaque Noble a droit de préférer son
économie particuliere, à celle du bien
général, qui n'est considéré que de fort
loin. La nécessité de l'unanimité dans les
suffrages, est à la vérité une grande sûreté
pour la conservation de leur précieuse liberté, & pour faire garder à leurs Rois les
pacta conventa : mais c'est aussi un grand

D iij

obstacle à tout bien ; car il arrive souvent qu'un fou qui proteste, l'emporte sur quarante mille sages qui votent.

De là , nulle défense ni sûreté pour l'Etat. La Pologne reste ouverte de tous côtés, & n'est plus qu'au premier occupant ; elle n'aura bientôt plus de force que dans sa foiblesse. On enviera peu une telle conquête, ou on la rendra aussi facilement qu'on s'en sera emparé ; & les Souverains voisins qui se la disputeroient, savent qu'aucun d'eux ne se l'annexera à demeure.

En France, nous tendions à cette Anarchie sous notre ancien Gouvernement féodal, lorsque peu à peu nos Rois de la troisieme Race ont détruit l'Aristocratie pied à pied. On ne peut pas dire absolument que des principes bien médités aient consommé cet ouvrage ; un objet continuel d'inquiétude & d'heureux hazards l'ont conduit. Le pouvoir choquant de nos Ducs & Comtes Souverains les ont d'abord séparés de l'intérêt commun de leurs Pairs : la jalousie des plus foibles, l'heureuse félonie de quelques-uns, des confiscations applaudies par des égaux envieux, des mariages & des donations ; telles sont les voies par où la Monarchie a diſſipé les ligues ; c'eſt par la diſcorde & la défiance que la Souveraineté a été ramenée à l'union qui lui eſt néceſſaire. La maxime *divide & impera*, a été heureuſement employée par nos Rois.

La différence entre l'Ariſtocratie de Pologne & celle de notre Gouvernement féodal, eſt que la premiere a reçu des regles fixes, & que ces regles ont établi une ſorte d'égalité entre les Membres, quoique ſous des claſſes différentes ; au lieu que la ſeconde n'ayant jamais été établie que par le hazard de différens degrés d'uſurpation, elle n'a point eu de loi certaine ; nos Rois ſe ſont trop bien conduits, pour le permettre : fixer des loix à un abus, c'eſt l'autoriſer & le rendre durable. La loi du plus fort avoit formé cette uſurpation ; elle devenoit odieuſe, & ainſi elle n'a jamais été plus proche de ſa deſtruction, que dans le temps de ſa plus grande force.

Article VII.

Le Corps Germanique.

C'eſt une aſſociation de Princes Souverains & de Villes libres, qui doit être conſidérée en elle-même comme une véritable Ariſtocratie.

D iv

Le Corps Germanique a grand nombre de ces Réglemens que je viens de rappeler, qui manquoient à notre Gouvernement féodal. Ces Loix empêchent du moins le renverfement total du Corps, fi elles ne le confervent pas intégralement, & fi elles ne préviennent pas fon affoiblifement.

On ne dira pas du Corps Germanique, qu'il foit acéphale ; fa tête (*) pefe autant que tout le corps, fi même elle ne l'emporte : femblable au Jupiter d'Homere, qui fe vantoit de pouvoir enlever tous les Dieux de l'Olympe à la fois avec une chaîne. Il faut faire entrer dans la fupputation des forces de la Maifon d'Autriche, la grande fupériorité de puiffance attachée à l'union de ces Etats fous un même Maître, en comparaifon des Puiffances difperfées dans l'Empire, qui fe ligueroient enfemble s'il étoit queftion de réfifter à leur Chef.

Mais il faut convenir qu'heureufement pour l'Europe, il y a encore bien loin des progrès que l'Empereur a faits fur les Vaffaux de l'Empire, à ceux qu'il voudroit peut-être faire, & à ceux qu'ont faits les defcendans de Hugues Capet.

____

(*) En fuppofant la Couronne Impériale toujours appartenante au Maître des États Autrichiens.

Le Chef d'un Corps tel que l'Empire, ayant acquis une certaine mefure de puiffance, doit fe fervir de tout pour l'accroître ; les droits ou les prétextes pour l'établir ne lui manqueront point ; qu'il ne néglige aucune des occafions de les faire valoir, & ce ne fera plus que l'affaire du temps ; il employera pour lui les avantages d'un inconvénient qui, s'il ne le faifoit valoir, ne feroit rien en lui-même ; c'eft l'inégalité entre les Membres : il engagera les grands Vaffaux, en les flattant de plus de grandeur ; les petits, par un fecours qui leur deviendra néceffaire, &, à l'ombre de la protection, il amenera leur dépendance.

A R T I C L E VIII.

La Hollande.

La Hollande, ou, pour mieux dire, l'alliance des Sept Provinces-Unies, a plufieurs objets ; conferver fept Souverainetés particulieres, purement Démocratiques, dans leur indépendance l'une de l'autre ; maintenir l'affociation de ces provinces pour le bien commun, & en gouverner les intérêts politiques au dehors.

Cette affociation eft également Démocratique ; elle eſt conduite par un petit nombre de Députés des Peuples, qui n'ont qu'un caractere momentané, & qui retombent dans l'état privé & dans l'égalité, lorſque le temps de leur commiſſion eſt fini.

On connoit peu de Nobleſſe originaire en Hollande. Ce qui en reſte eſt ſuſpect au Gouvernement. Tel en eſt l'eſprit ; & quoique le temps & les abus travaillent à défigurer tous les jours les plus ſalutaires conſtitutions, ce pays-là n'a pas encore renoncé aux ſiennes. Ainſi voilà un Gouvernement vraiment Démocratique : quant à ſa bonté, on peut en appeler aux effets.

Tout le terrein des ſept Provinces-Unies, en déduiſant les eaux qui y ſont enclavées, n'a pas plus d'étendue que notre Normandie. Un ſi petit pays a fait le plus grand commerce dans les quatre parties du Monde, & en fait encore un conſidérable. Il a fourni des ſommes immenſes pour divers établiſſemens, & a ſubvenu à des guerres qui auroient fait ſuccomber les plus puiſſantes Monarchies. Mais ce qui eſt plus admirable, c'eſt la perfection intérieure du pays en toutes choſes. C'eſt ce bon entretien, cette propreté preſque divine qui regne dans le public comme dans le particulier, & qui procure des beautés inconnues ailleurs. Si les Souverains raiſonnoient bien, il ſemble qu'ils ne devroient permettre les profits du dehors, que quand toutes les perfections du dedans ſont épuiſées. Il y a long-temps que la Hollande en eſt là, & cela ſe continue par ſoi-même, ſans aucune altération ni relâchement, & avec des ſoins & une patience néceſſaires, ſi l'on veut, à la ſituation du pays ; mais qui, paſſant le beſoin, montre bien que cette aſſiduité infatigable eſt propre à la Nation.

En général, que l'on voyage dans les lieux où une République avoiſine un Etat Monarchique, il ſe trouve toujours des enclaves par où ces Souverainetés différentes ſont mêlées enſemble. On connoit aiſément quelles ſont les terres de la République & celles de la Monarchie, par le bon état des ouvrages publics, même des héritages particuliers ; celles-ci ſont négligées, celles-là ſont en valeur & floriſſantes.

Grande étude pour tout Monarque qui voudra véritablement policer ſon Etat.

Les ressorts qui produisent ce mouvement dans les Républiques, sont-ils absolument ennemis de la Royauté ? S'ils le sont, qu'on les exclue ; rien n'est plus juste : mais si, en les discutant, &, pour ainsi dire, en les anatomisant, on trouve qu'ils n'y nuisent pas, & même qu'ils y servent, on ose l'avancer ici, quelle stupidité d'en négliger l'examen & l'application !

L'intérêt du Peuple est l'ame de la République des Provinces - Unies. On y reconnoit la puissance publique dans l'effet des Loix ; chacun est parfaitement libre dans ce qui ne nuit point aux autres. De l'usage de cette liberté & de cette multiplicité d'intérêts qui agissent sans se choquer, résultent des effets immenses de commerce. Il paroît de loin que c'est la suite d'une convention entre tous les Commerçans de Hollande ; mais c'est une erreur. Il en est de l'accord des Hollandois entre eux, comme d'une four-milliere ou d'une ruche d'abeilles, où chaque insecte agit suivant son instinct. Il résulte de leurs travaux un grand amas pour les besoins de la Société ; mais cela ne s'est point opéré par des ordres su-prêmes, ni même par des Magistrats qui obligent chaque individu à fuivre les vûes de leur Chef.

Une partie des défauts de notre Commerce porte fur ce préjugé. On prétend faire vouloir & agir ce qui ne peut vouloir & agir que librement : on ignore que les différens intérêts du Commerce font auffi multipliés qu'il y a de Négocians dans un Etat ; mais il ne faut pas que l'admiffion d'une branche foit l'exclufion d'une autre ; au contraire, que chacun fuive fon objet avec liberté, & chacun y trouvera fon compte. Ainfi, cette fcience du Commerce ne peut pas plus être dominée par les Chefs du Gouvernement, que la Philofophie ne peut être commandée par un Souverain. Il y a long-temps qu'on a dit qu'il ne faut au Commerce que protection & liberté, & peut-être même abandonneroit-il l'une, pour jouir pleinement de l'autre.

Quand nous voudrons étudier quelques principes du Gouvernement de Hollande, nous en trouverons des traces fans fortir de chez nous, dans la portion des Pays-Bas que nous avons acquife, & qui forme une de nos frontieres. Ces Peuples s'y gouvernent encore par des Magiftrats Municipaux. Les Flamands doivent être

nés avec un esprit de justesse & d'économie plus propre à l'Administration que
les autres Peuples.

Ce qu'on a laissé subsister dans les
Provinces des Pays-Bas, assujetties à des
Monarques, de l'ancienne méthode de
lever les impositions, sert plus qu'il ne
nuit à l'Agriculture & au Commerce ;
tout s'y ressent encore de l'excellent
Gouvernement de Philippe le Bon ; cet
esprit d'économie & cette liberté dans
l'action du Gouvernement intérieur, qui
avoient rendu les derniers Ducs de Bour-
gogne si riches en argent comptant, &
plus puissans que nos Rois.

De là, il résulte que dans ces Provinces
on voit les villes les unes sur les autres, les
bourgades florissantes, la campagne bien
cultivée ; tout y abonde, & tout est soigné.
Les Loix féodales y sont simples & non
gênantes, & les Nobles n'y paroissent pas
faits pour dominer. L'esprit Flamand ne
peut guere s'élever au dessus des matieres
économiques & de conduite privée, mais
ces Peuples ont un bon jugement; ils sentent, ils s'estiment, & n'envient point aux
autres le feu extravagant de l'imagination.

Au reste, tout Gouvernement a ses défauts. Celui de la Hollande a senti, dès les

premiers temps de son établissement, le besoin d'un Général dans les occasions délicates, telles que les guerres défensives & tous les temps difficiles.

Dans les conjonctures pressantes, les Romains s'écartoient à un certain point de leur jalousie de liberté, & créoient un Dictateur ; mais à la fin les Généraux illustres enchaînerent la République. La Hollande a senti combien cet exemple pouvoit lui être appliqué. Elle l'a éprouvé depuis sa naissance, en recevant les services & écartant les dangers de la Maison de Nassau. Il n'y a plus que la reconnoissance & les grands domaines possédés dans la République, qui la lient encore avec ceux de cette Maison. Elle fait qu'elle pourroit trouver ailleurs assez de grands Capitaines pour la diriger, ou conduire ses armées, & qu'elle peut se suffire à elle-même pour ses Loix.

Les Magistrats étant, en Hollande, à temps & amovibles, il pourroit arriver que des gens neufs dans les affaires, étant élus, ne gouverneroient pas l'Etat selon ses principes & sur les derniers erremens de leurs prédécesseurs. On y remédie d'une maniere qui peut s'appliquer dans toutes sortes d'occasions semblables. On a établi des Confeillers-Penfionnaires qui font perpétuels, mais qui ne préfident pas les Affemblées, & n'ont point même voix délibératives ; ils ne font que les Dépofitaires de la Règle, propofent, excitent, avifent ; mais ne font maîtres de rien, fi ce n'eft par l'empire de la raifon & de l'expérience : par-là la liberté eft en sûreté, & les règles font confervées.

Article IX.

La Suiffe.

La Suiffe eft moins floriffante que la Hollande ; le terrein y eft généralement ingrat ; mais fes habitans font peut-être le modele de ce que les hommes devroient être pour être heureux ; hofpitaliers par bonté d'ame, laborieux fans avidité, commerçans fans jaloufie. Nous leur avons fait connoître mille commodités qu'ils ignoroient, mais dont ils favent fe paffer. Plufieurs d'entre eux fe diftinguent dans les Arts & même dans les Sciences. Ils ont toutes les vertus militaires en partage, & n'en font ufage que pour leurs Alliés. Cet exercice eft leur arfenal, leur citadelle & leur politique extérieure. Par-là, ils font devenus plus indomptables

que

que ne le font les plus puiſſans Etats par
les traités & les victoires.

» Les Suiſſes font en apparence auſſi
» lourds que les Hollandois, dit un Ecri-
» vain Politique fort éclairé ; » le défaut
» d'imagination les rend communément
» inhabiles pour certains genres de Lit-
» térature agréable ; mais leur groſſiéreté
» prétendue leur laiſſe un inſtinct droit
» pour leurs affaires, des vûes sûres pour
» le commerce, toutes les vertus mili-
» taires en partage, excepté celles bril-
» lantes du commandement : mais ſa-
» chant tirer parti de tout, ils ont fait
» de leur valeur l'un des principaux trafics
» qui jettent quelque argent en Suiſſe «.

Si un tel pays étoit condamné à appartenir à un Monarque, ce feroit bientôt
le plus miférable de tous les Royaumes ;
& d'ailleurs les Suiſſes ferviroient auſſi
mal un Souverain qui voudroit les aſſu-
jettir, qu'ils fervent bien pour leur argent
ceux qui les emploient paſſagérement
& librement.

En quel pays trouve-t-on des montagnes cultivées juſqu'au fommet comme
dans la Suiſſe ? La feule liberté infpire le
travail.

Ce qui perfectionne l'adminiſtration

intérieure des Républiques Suiffes, c'eft la petiteffe des Diftricts ; les Magiftratures populaires ne réuffiffent pas ordinairement à conduire une étendue de pays fort confidérable ; pour bien faire , il ne leur faut qu'une ville ou quelques villages ; & lorfqu'ils doivent étendre leurs foins fur un territoire plus vafte, ils fe trouvent infuffifans pour les extrémités. Pendant ce temps, les grands Souverains voifins excitent des jaloufies entre les villes d'égales forces ; ils encouragent quelques mauvais Citoyens à la tyrannie. C'eft ainfi qu'en Italie tant de Républiques ont été tyrannifées par leurs Magiftrats , & enfin détruites. Au contraire , quand ces foins font appliqués à un objet de peu d'étendue, les intérêts réciproques fe combinent mieux , les contrariétés font moins confidérables.

La Suiffe eft un pays de toute égalité entre les Citoyens ; & s'il y en a un au Monde où on ait égard au mérite dans les élections , ce doit être celui-là. Le mérite s'examine par les Pairs de l'Elu, à la mefure du bon fens , d'après des lumieres plus folides que fubtiles , d'après les œuvres plus que d'après les manieres ; mais l'on décide mieux de ce que l'on sent, que de ce que l'on préfume. C'est-là toute la pénétration de ces Peuples ; nous ne la leur envions pas ; peut-être nous ferviroit-elle mieux que ce que nous appelons fagacité.

Article X.

L'Efpagne.

L'Efpagne a des Colonies très-étendues qui lui rapportent de l'or ; la Hollande en a d'affez petites qui ne lui rapportent que des épiceries. Cependant ce dernier État est cent fois plus fort que ne femble le promettre l'étendue de fon territoire dans les différentes parties du Monde, & l'Efpagne est cent fois plus foible à proportion du fien, comparé à celui des Provinces Unies : le dedans de ces Provinces en Europe est floriffant par-tout, & fourmille d'habitans ; l'intérieur de l'Efpagne n'est que mifere. Le partage des richeffes du Nouveau Monde est fait en Efpagne avec la plus grande inégalité, & engendre par conféquent tous les maux politiques que produit entre Citoyens l'inégalité des biens, indépendante du travail & de l'induftrie.

La plus grande partie des retours en efpeces va au Roi d'Efpagne & à quelques-uns de ſes Officiers, qui s'enrichiſſent la plupart par des prévarications ; chargés de maintenir l'ordre, ils ont intérêt de le troubler.

Après les Vice-Rois & les Gouverneurs, quelques Marchands Eſpagnols y participent, non par un travail induſtrieux de Manufacture ou de Commerce, mais en prêtant leurs noms pour frauder la Loi par ſubtilité & par tromperie ; le reſte de ces retours paſſe aux Etrangers.

C'eſt donc en Eſpagne que l'on trouve le plus de quoi prouver combien l'inégalité des richeſſes acquiſes ſans ſoins & ſans peines, eſt un mal dans un Etat. Il y a de certains principes où le raiſonnement demande d'être appuyé par des exemples frappans, & celui-ci eſt du nombre.

On prétend généralement que des Citoyens fort riches font un grand bien dans un Etat, en ce qu'ils font travailler les autres : cela peut être vrai ; mais il faut qu'il y ait dans ce pays des travailleurs à proportion de ceux deſtinés à exciter leur induſtrie, ſans quoi on ne feroit proſpérer que l'induſtrie étrangere ; l'argent ſortiroit du pays ; les habitans pareſſeux y reſteroient pauvres, & l'opulence des riches feroit en pure perte pour la Nation.

Qu'on examine quel étoit l'état de l'Espagne avant la découverte de l'Amérique. Si l'on remonte aux temps les plus anciens, les Espagnes passoient pour le Pérou de l'Europe ; on ne voyoit point alors de pays plus peuplé ni mieux cultivé, plus abondant en bestiaux, plus riche en tout ; on en tiroit même de l'or (*). Eh ! pourquoi les Espagnols en ont-ils été chercher d'autre si loin, & l'ont-ils ravi aux Indiens avec tant de cruauté ? C'est par un effet de la paresse nationale. Ils ont mieux aimé faire travailler les Indiens, que de travailler eux-mêmes ; mais ils sont punis de leur avidité mal entendue.

Quand les Mores les conquirent, il faut lire les relations qu'ils firent de ces heureux pays, & les Arabes étoient connoisseurs. Mais au lieu que, sous les derniers Rois Goths, le pays étoit tranquille, les guerres des Chrétiens contre les Mahométans troublerent ce repos de l'Espagne ; il se donna une multitude de combats,

______

(*) Ainsi l'Espagne, aujourd'hui maîtresse du Pérou & du Potosi dans le nouveau Continent, étoit elle-même le Pérou & le Potosi de l'ancien Monde. Destinée singuliere, qui n'a fait le bonheur & la force de ses Peuples ni dans un temps, ni dans l'autre.

E iij

dans lefquels les Efpagnols manifefterent un efprit militaire, chevalerefque, héroïque même , firent des actions d'une valeur inouie ; mais rien de tout cela ne tourna au profit du bonheur des Peuples, de l'Agriculture, du Commerce, ni de l'Induftrie. Cependant les Chrétiens vainqueurs fouffrirent d'abord que les Mores, qui voulurent fe foumettre , continuaffent de vivre dans le pays où ils étoient nés ; bornés à la culture des terres , ils s'y adonnerent. L'Efpagne refta encore quelque temps affez peuplée ; mais fon abondance alloit décliner.

Sous le regne de Ferdinand le Catholique, l'Efpagne commença à fe dépeupler de Mores & de Juifs. Sous Philippe III, on força le refte à s'éloigner ou à fe cacher, & l'Efpagne perdit ainfi un tiers de fes habitans ; prefque en même temps , elle pouffa très-loin fes conquêtes en Amérique. Plus de la moitié des Efpagnols alla peupler ce nouveau Monde ; ces nouveaux Colons envoyerent dans leur patrie quantité de denrées étrangeres , dont on fe paffoit bien auparavant, & fur-tout beaucoup d'or & d'argent. Mais on diroit que cet or étranger répugne à prendre racine chez les Efpagnols, qui en ont découvert les mines ; il gliffe, pour ainfi dire, fur la fuperficie de leur pays, & il ne s'arrête que chez les autres Nations.

Depuis cette époque, l'Efpagne a moins de Manufactures ; elle a abandonné l'Agriculture & a augmenté en luxe, fource de ruine pour les Peuples conquérans. Quelques Grands, enrichis par la découverte des Indes, prêchent le luxe par leurs exemples ; les premiers Rois d'Efpagne & des Indes Occidentales ont conçu des projets d'ambition extravagante.

Philippe II prétendoit conquérir la France & l'Angleterre, & ne fe cachoit pas de vifer à la Monarchie univerfelle, dont fon pere jouiffoit en effet ; mais à quel prix ! Flotte armée d'Etrangers, travaux qui forçoient la Nature, bâtimens de mauvais goût, corruptions politiques, mille chemins par où l'argent fort d'un Royaume pour n'y jamais rentrer. On peut comparer l'or des Indes qui vient en Efpagne, à celui que les Particuliers gagnent au jeu ; il ne profite point ; on le diffipe follement, & on finit par perdre fon patrimoine. Hélas ! ce mauvais principe de conduite, fi opiniâtre pour le malheur de l'Efpagne, fubfifte encore aujourd'hui : il femble que ce foit

E iv

pour fa ruine, que la Providence lui a confervé les plus belles & les plus grandes
poffeffions en Amérique. Il ne fe fait aucun bon emploi pour le pays, de toutes
les richeffes qui lui arrivent chaque jour.
Que les Puiffances qui tiennent aujour-
d'hui le premier rang entre les maritimes,
& femblent afpirer à la Monarchie univerfelle de l'Océan, craignent de leur
enlever cette précieufe récolte! C'eft *l'or
de Touloufe* (expreffion confacrée dans
l'Hiftoire Romaine), il porte malheur à
ceux qui s'en emparent. Non feulement
l'or du Pérou n'a pas été utile à l'Efpagne,
il ne l'a pas été davantage au refte de
l'Europe. Eh ! à quoi pouvoit fervir un
numéraire plus confidérable, une maffe
énorme de matiere foi-difant précieufe,
circulant de plus dans le Monde, finon à
faire que nos louis d'or ne valent pas plus
que valoient autrefois les écus d'argent?
Si nous trouvions le fecret de faire de
l'or, les louis feroient auffi communs que
les pieces de douze fous ; mais bientôt
perfonne n'en feroit plus riche. Il arrive-
roit au numéraire ce que nous avons vu
arriver à la Banque de Law ; la facilité de
frapper cette monnoie fut caufe qu'on la
multiplia exorbitamment ; elle finit par

être décriée. Je vais récapituler les articles
des pertes réelles que l'Espagne a souffertes
depuis environ deux cent cinquante ans.

Le tiers de ses Habitans perdu par le
bannissement des Mores & des Juifs.

L'argent qui circuloit par ces proscrits.

Les supplices de l'Inquisition.

L'accroissement du Monachisme & du
Clergé, & par conséquent du célibat.

Les fondations nouvelles, plus ecclésiastiques que pieuses, animées par les
richesses de l'Amérique.

Le dépeuplement de la moitié du Continent en Europe, pour aller défricher
l'Amérique & l'Asie.

Les nouvelles maladies venues des
Indes, & qui ont choisi l'Espagne pour
leur premier séjour en Europe.

L'acquisition des Provinces éloignées
par la succession de la Maison de Bour-
gogne.

Les guerres étrangeres pour acquérir
ou pour défendre ces Provinces, & d'autres
également éloignées.

L'augmentation du luxe, la diminution
de l'Agriculture & des Arts, & par-là
une Nation livrée toute entiere à la fainéantise que lui inspire naturellement la
chaleur du climat.

On reconnoît en tout cela quels peuvent être les malheureux effets d'une fausse politique, qui entraîne l'erreur universelle de toute une Nation.

Les Espagnols ont le cœur courageux & élevé ; ils aiment l'honneur, même la gloire. C'est de là que vient leur amour & leur obéissance aveugle à leurs Chefs, non par crainte, mais par une fidélité héroïque : ainsi la Monarchie est faite pour l'Espagne. Charles-Quint disoit que toutes les autres Nations vouloient être caressées, & les seuls Espagnols commandés.

Peut-être un Gouvernement Républicain ou mixte se fût-il conduit autrement lors de la découverte du Pérou ; peut-être eût-il évité les mauvais effets provenant des passions d'un homme seul, tels que les arrangemens qui font verser toutes les richesses dans les coffres d'un Roi seul ou de ses Favoris ; il eût admis la concurrence d'intérêt de toutes les villes d'Espagne propres au Commerce ; les richesses étrangeres eussent tourné au profit de tout l'Etat, comme on voit que cela est arrivé au Commerce de Hollande & de Venise.

Le Gouvernement d'Espagne a eu long-temps un mélange d'Aristocratie propre aux Nations conquérantes, comme les Goths. Les Capitaines qui venoient d'affermir le Trône, avoient obtenu leur part dans l'autorité, par la fupériorité méritée de leurs fervices ; les diftinctions avoient paffé à leur race, & de là étoit venue la grande Nobleffe ; elle fe regardoit comme participante à la Royauté, jufqu'à ce que le Defpotifme plus raffiné ait mieux fervi les prétentions du Monarque, ait profité de l'ignorance des Grands, & les a't éblouis fur la fource & la nature de leur grandeur.

On ne prenoit autrefois les Miniftres & les Confeillers d'Etat en Efpagne, que parmi les Grands ; mais de plus en plus on les écarte du maniement des affaires, pour n'y admettre que des gens fans doute de quelque mérite, mais qui doivent leur fortune à l'adreffe avec laquelle ils fervent le Monarque.

Le Peuple y eft encore moins écouté qu'en France ; tous les Officiers de Ville & de Province font Officiers Royaux ; l'honneur d'émaner directement du Trône, eft trop précieux chez cette Nation vaine, pour que cela foit autrement. De là les Officiers négligent leurs fonctions les plus effentielles, celles de juger les Peuples avec équité & douceur ; ils vexent les foibles, & font hautement des bassesses.

Les abus du Gouvernement font moins sensibles aux Espagnols qu'à toute autre Nation ; la privation n'est fâcheuse que par le besoin ; il leur faut peu de commodités pour le corps ; il leur faut des chimeres dans l'esprit, & de fausses idées de grandeur qui les entretiennent jusqu'au dernier moment où une décadence totale leur fera ouvrir les yeux, mais trop tard ; car l'Espagne n'offre pas les mêmes ressources que la France, où elles font si grandes, si vraies, si aisées à employer, que la machine, dont les ressorts font excellens, fera bientôt, si l'on veut, remontée supérieurement à toutes les autres.

A R T I C L E XI.

Le Portugal.

Le Portugal, démembré de l'Espagne, en a à peu près les mœurs ; le Gouvernement & la Cour de Lisbonne se font modelés sur ceux de Madrid.

Le Portugal a aussi son Pérou, qui est le Brésil ; l'usage qu'il fait de l'or n'est plus de faire des conquêtes ; au contraire,

il en a beaucoup perdu depuis un siecle ;
il ne l'applique pas davantage à se rendre
plus redoutable dans l'Europe, ni à faire
le bonheur de ses Peuples. Satisfaire son
luxe ou quelque caprice, voilà les défauts
de la Royauté ; & ces défauts, en s'enra-
cinant dans une Monarchie, deviennent
des sources de destructions.

En comparant les abus du Gouvernement Portugais avec ceux de l'Espagnol,
on y trouvera un principe qui n'est pas
indifférent en politique : c'est que plus
un Etat est petit, mieux il se gouverne
par proportion à un plus grand de la
même espece. Que de conséquences à
tirer de cette preuve ? Il est donc utile de
diviser les soins, les biens, les Districts,
& chaque sphere d'intérêt ; plus l'objet
est ménagé, plus les ressorts en sont vifs
& soutenus. Mais de savoir jusqu'où doit
se porter cette réduction des objets, ce
seroit peut-être une des premieres & des
plus essentielles parties de la science
pratique du Gouvernement.

On trouvera donc qu'en Portugal le
bon & le mauvais étant de même espece
qu'en Espagne, le bon y est le meilleur,
& le mauvais moindre.

Les Colonies Portugaises étant mieux

gouvernées que celles d'Efpagne, rendent davantage à proportion ; on y fraude moins ; les monopoles y font plus rares ; mais tous ces inconvéniens font encore mieux prévenus dans les Colonies Hollandoifes, qui dépendent d'une République.

Le dedans du Portugal eft moins miférable & mieux adminiftré qu'en Efpagne, les Provinces plus peuplées.

Les Portugais n'ont éprouvé toutes les caufes de dépériffement dont j'ai parlé à l'article d'Efpagne, que dans un moindre degré. Ils font à l'abri d'être conquis, au moins en Europe ; ce qui eft encore un très-grand avantage. Quel bien de fe trouver affuré du domaine qu'on poffede ! Cette fituation produira tôt ou tard de grands fruits en Portugal ; il ne s'agit plus que d'un regne fage & intelligent. Les intérêts font fenfibles, & les moyens dans les mains de la Nation. Toute la politique du Confeil de Lisbonne fe réduit à fe défendre contre l'Efpagne ; qu'il fonge donc en même temps à faire fleurir fon commerce par des moyens plus efficaces que ceux qu'il a pris jufqu'à cette heure. Ces moyens ont été de ne fe confier qu'à la feule Nation Angloife ; &

pour prix d'une défenfe dont le cas eſt éloigné, on lui a donné en Portugal toute la réalité d'un commerce riche excluſif. Les Portugais pourront par la ſuite partager davantage leur alliance & leur commerce ; par-là ils s'acquerront un plus grand nombre d'amis intéreſſés à leur défenfe ; par-là ils s'occuperont eux-mêmes du commerce qu'ils peuvent faire pour leurs befoins, ſans recourir à des voiſins qui enlevent leur ſubſiſtance : ce ſont-là les véritables intérêts de cette Nation.

Article XII.

La Sardaigne.

Les Etats du Roi de Sardaigne augmentent d'âge en âge par l'habileté de ſes Souverains, & leurs eſpérances peuvent être encore fort grandes pour cette nouvelle Monarchie. La Maiſon régnante eſt toujours prête à profiter des jalouſies de l'Europe contre les deux Maiſons de France & d'Autriche, & même de l'émulation entre les deux Branches de la Maiſon de Bourbon. Il ne s'agit que d'habileté à profiter des occaſions ; & juſques ici cette vertu n'a pas manqué au Conſeil de Turin, ſi même elle n'a pas paſſé les bornes. Les Peuples ne peuvent mieux faire, que de ſe livrer à des Princes fi vigilans pour la profpérité de la Nation.

On peut tolérer à un petit Souverain l'ardeur de s'agrandir ; elle fait partie de la néceffité de fe défendre, fur-tout quand il fe trouve fitué entre des Princes puiffans & inquiets ; mais il n'y a que Machiavel qui puiffe aller plus loin, & paffer aux Ducs de Savoie ; ce que leur reproche le Préfident Jeannin, dans fon Avis fur la reftitution du Marquifat de Saluce, d'ufer plus fouvent de la fineffe des Africains, que de la franchife des Septentrionaux.

Cette Monarchie eft de la proportion qu'il faut pour être bien gouvernée ; auffi le Roi Victor l'avoit-il auffi bien réglée qu'eût pu l'être une République. De fon temps, c'étoit, pour ainfi dire, un Etat tiré au cordeau : on y pourvoyoit à tout. Il en a rédigé toutes les Loix dans un feul Code. Les Finances & l'Adminiftration Militaire, tout s'y reffentoit, fi l'on peut parler ainfi, de la propreté des petits ménages. Les grandes Monarchies, pour s'élever au deffus de l'indolence qu'entraîne leur grandeur, y auroient pu prendre des leçons utiles, & applicables à chacune de leurs Provinces.

ARTICLE

Article XIII.

Danemarck.

Le Danemarck eſt ſujet depuis long-temps à avoir des Rois médiocres, & le rôle qu'il joue en Europe reſſemble à ſes Rois : il n'a d'autres bonnes terres que de petites Provinces. Les plus vaſtes ſont couvertes de montagnes & bordées de côtes gelées & dépeuplées. La marche de ſa politique eſt timide au dehors, mais aſſez ſoigneuſe au dedans.

La terre ſemble plus neuve en ces pays-là qu'ici ; les hommes & les animaux y ſont plus forts ; la fécondité, quand elle s'y trouve, eſt rapide & donne l'abondance ; d'ailleurs la Nation eſt naturellement militaire.

L'or manque en Danemarck comme en Suede ; il n'eſt devenu un beſoin dans le Nord, que depuis que les pays méridionaux d'Europe en ont regorgé, & ont entraîné les autres dans un luxe d'exemple. Autrefois le Nord nous a inondés par ſes habitans, &, par un malheureux retour, nous l'inondons de nos vices.

De là vient la baſſeſſe qu'ont aujourd'hui ces Nations de ſe vendre pour des

F

fubfides (*). Ils trafiquent ainfi de leurs fuffrages dans les affaires générales de l'Europe & de leurs troupes, auxquelles ils font foutenir des deffeins qui leur font étrangers, infructueux ou nuifibles. Par-là ils font cette faute nationale d'entrer dans une involution d'intérêts qui ne les regardent point.

On a confervé long-temps en Danemarck l'ancienne forme des Etats : la Nobleffe y faifoit corps à part, & concou-roit aux délibérations. C'eût été un bon-heur pour cette Nation, fi l'on y eût ref-pecté l'ordre qui fépare chaque Province; par-là chacune auroit eu fon adminif-niftration à part; les intérêts de chacune auroient été bien mieux foignés que par les Etats Généraux de toute la Nation : mais les anciens Etats de Danemarck avoient tous les défauts de pareilles affem-blées; les Corps y étoient diftingués, & celui de la Nobleffe y affectoit une fupé-riorité déplacée. Vers le milieu du fiecle dernier elle voulut anéantir toute Démo-cratie dans le Royaume. Le Tiers-Etat, c'eft-à-dire, la Bourgeoifie & les Pay-fans défolés fe jeterent entre les bras du

---

(*) Il y a quarante ans.

Roi ; celui-ci les soutint, ou plutôt les laissa agir contre la Noblesse. La Démocratie détruisit l'Aristocratie ; mais n'ayant ni le temps ni la force de se former en République populaire, la Royauté a tout gagné. Le Roi devint Monarque absolu en 1663, par le seul droit qui ait fait les Monarques, le consentement de tous ses Peuples. Mais il faut convenir que les Rois de Danemarck ont été jusqu'à présent assez justes pour ne pas abuser de ce droit, & ce n'est que graces à la sagesse de ses Rois, que cet État n'est pas Despotique.

Article XIV.

Le Pape.

Le Pape est dans son État temporel un Souverain très-absolu ; il gouverne ses Provinces par des Légats ; les Villes ont des Gouverneurs nommés par le Souverain, & amovibles ; & en tout cela nulle image de Démocratie.

Le Consistoire ne partage le pouvoir du Pape que pour les affaires de l'Eglise universelle, & dans les cas où il s'agiroit d'aliéner le patrimoine de Saint Pierre : mais les Papes sont élus vieux, & ne peuvent influer sur le choix de leurs successeurs ; ils ne peuvent donc étendre leur pouvoir à toutes les choses où vont la plénitude de la propriété & le droit héréditaire chez les autres Souverains ; ainsi ils respectent les regles & les usages, ils tirent seulement ce qu'ils peuvent en faveur du Népotisme.

A R T I C L E XV.

Les Deux-Siciles.

La double Monarchie de Naples & de Sicile ne dissimule pas le dessein qu'elle a d'exercer le pouvoir le plus absolu, & de se modeler en tout sur celui d'Espagne.

Tant que l'Espagne aura à cœur, comme aujourd'hui, de l'assister de toutes ses forces & d'y prodiguer ses trésors, le Roi de Naples gouvernera absolument ses sujets, à peine aura-t-il quelque ménagement de prudence à y apporter ; il augmentera ses revenus, il se formera un Etat militaire, capable de défense & même d'entreprise ; il fera fleurir le commerce, il abaissera les Grands, il éteindra les dangereux priviléges de la Noblesse ; en un mot, il prendra le systême des Souverains, de renverser les grandeurs qui sont entre le trône & le Peuple, pour qu'il y ait plus loin de lui à ses premiers sujets.

Mais si jamais l'appui de l'Espagne venoit à lui manquer avant que d'avoir consommé ses desseins, on ne sauroit dire ce que deviendroit cette Monarchie, & quelle sorte de pouvoir il s'y établiroit.

Ces Royaumes sortent du gouvernement des Vice-Rois, & ils ont subsisté de cette sorte pendant deux siecles. Qu'on se figure quel pli ils ont pris, appartenant à des Maîtres éloignés, & administrés par des Gouverneurs de différens caracteres, envoyés & dirigés par la nécessiteuse Maison d'Autriche ; toute la puissance publique ne s'y est occupée que de tirer le plus d'argent qu'elle a pu du pays : on a fait souffrir aux sujets, au nom d'un étranger, plus de maux qu'on ne pourroit exprimer ; aussi les Souverains éloignés ont-ils éprouvé de fréquentes révoltes, & se sont trouvés très-heureux de prévenir des révolutions totales.

Un Peuple entier prend ces mauvaises habitudes sous les mauvais gouvernemens, comme un enfant qu'on éleve mal, contracte de l'aversion pour ses parens & ses maîtres ; mais elles tiennent quelquefois au caractere national.

Cependant l'Histoire Ancienne ne nous apprend point que les Napolitains & les Siciliens fussent originairement plus inquiets que les Toſcans ; ainſi c'eſt en conſéquence de nouvelles habitudes que ſont venus , dans les Deux-Siciles, des Nobles inſolens , des Peuples mutins , & des mœurs ſcélérates : il faut des verges de fer pour réprimer tant de vices politiques & moraux.

Avec cela le pays n'eſt pas miſérable. Naples eſt une Capitale des plus floriſſantes de l'Europe. La Sicile eſt auſſi bien cultivée que ſi Cérès s'en mêloit encore, ſauf les éruptions du Gibel & les tremblemens de terre.

A R T I C L E XVI.

Modene, & les autres États d'Italie (*).

Le Duché de Modene eſt le ſeul des États particuliers d'italie qui ſubſiſte. On a éteint dans ce ſiecle Mantoue, Parme, Plaiſance , & même la Toſcane ; c'eſt le tour de Modene de ſubir le ſort de tous les petits Tyrans d'Italie , qui ſont devenus la proie des grands Tyrans ; image honteuſe pour les hommes de ce qui ſe paſſe parmi les animaux féroces.

Toutes ces Souverainetés particulieres

(*) On s'appercevra aiſément que l'Auteur écrivoit il y a environ quarante ans.

ont dû prévoir leur perte, dès qu'elles ont
ceſſé d'avoir des corps de troupes ſuffiſans
pour ſe défendre & pour figurer parmi leurs
égaux ; non de ces troupes étrangeres ſol-
dées, compoſées d'hommes qui faiſoient
leur unique métier de la guerre, crai-
gnoient peu de mourir, n'ayant rien à
perdre, & ne prenoient aucun intérêt à
la guerre qu'ils faiſoient ; mais des Citoyens
armés pour la défenſe & les intérêts communs. Il y a deux cents ans que ces petits
Souverains gouvernoient des pays qui
avoient été riches & fertiles, mais qui
n'avoient preſque jamais joui de la liberté
néceſſaire pour entretenir l'abondance.
Eſt-on aſſuré de l'aiſance quand on ne l'eſt
pas de ſa propre ſûreté ? Un Souverain de
mérite & de courage étoit une apparition
éphémere dans ces Etats foibles ; il réta-
bliſſoit quelque choſe de ſon vivant ; après
lui ces établiſſemens périſſoient, ou, qui pis
eſt, donnoient lieu à la ruine du petit Etat
entier.

Pendant un temps les Princes & les Etats,
d'Italie ſe ſont dévorés les uns les autres ;
depuis, ces beaux pays ont été la proie du
ſoldat effréné des grandes Puiſſances. Hélas ! les Italiens ne méritent plus le nom
de Romains ; ils ne connoiſſent plus pour

toute réſiſtance, que quelques vengeances ſourdes, dont ils payent des injures ouvertes.

Le grand Duché de Toſcane ſe reſſent encore des bienfaits du Gouvernement Républicain : les Toſcans ſont paſſés enſuite ſous l'autorité de Princes riches par eux-mêmes & commerçans, moyennant quoi les droits & la dignité du Souverain ont pu ſe paſſer du ſang des Peuples ; mais la Toſcane vient de tomber entre les mains des Allemands (en 1737).

A R T I C L E X V I I.

Souverains d'Allemagne.

Les Souverainetés particulieres d'Allemagne & les Provinces héréditaires de la Maiſon d'Autriche ſont gouvernées à peu près de même.

Les Princes n'y ſont point gênés dans l'exercice de leur pouvoir ; les Etats qu'ils aſſemblent, fourniſſent, ſur les très-gracieuſes demandés de leur Souverain, le don gratuit qui lui convient : heureux ſi un goût exceſſif pour les plaiſirs, ou une magnificence inquiete, n'inſpire pas toujours à ces petits Princes la malheureuſe fantaiſie d'excéder de beaucoup la dépenſe qu'il leur convient de faire, & à leurs sujets la triste nécessité de supporter les effets de ces caprices ! Trop souvent la manie d'imiter, dans leurs petites Cours, le luxe des plus grandes, ou celle de figurer comme des Seigneurs plus riches & plus puissans, font que ces Princes ruinent leurs malheureux sujets & se ruinent eux-mêmes.

Les Peuples n'ont alors aucun asile contre la tyrannie, car ils ne peuvent se faire écouter par les Tribunaux de l'Empire : leur seule ressource seroit de déserter le pays où ils sont misérables ; mais les Allemands sont attachés à leurs foyers, & se déterminent difficilement à abandonner leurs familles. On les force à marcher à la guerre quand ils sont jeunes, & ceux qui échappent aux dangers, reviennent bonnement mourir au gîte de leurs peres, cultiver les champs, ou faire le même métier que leurs ancêtres. En général, ces Peuples sont robustes, bons & dociles, quoiqu'un peu grossiers, & leurs Princes ne manquent que trop souvent des lumieres, de sagesse naturelle & de bonne éducation, nécessaires pour tirer parti de leurs sujets.

La Saxe est le pays de l'Allemagne où la forme des Etats est la mieux entendue ;

c'eft là où l'on pourroit trouver le modele du plus heureux mélange de Monarchie & de Démocratie. Les finances du Souverain y font confidérables, & peuvent aifément y être mifes en ordre; auffi ont-elles eu long-temps du crédit. Le Roi de Pologne Augufte II, mort en 1733, tiroit de fon Electorat de Saxe des fommes immenfes, les dépenfoit comme il vouloit à fes plaifirs, ou à fa politique; rien n'épuifoit fon épargne, & l'abondance augmentoit toujours en Saxe; mais c'eft à la durée de fon regne qu'on peut appliquer ce Proverbe commun : *Tant vaut l'homme, tant vaut fa terre.*

N'en pourra-t-on pas dire autant d'un autre Monarque dont les Etats font voifins de la Saxe, & fourniffoient même moins de reffources, lorfque le Prince qui les gouverne aujourd'hui en a hérité?

L'Empereur tire de fes pays héréditaires plus que les autres Princes & Electeurs de l'Empire ne tirent des leurs ; car les befoins & les deffeins du Souverain font plus importans. Cependant l'affoibliffement, après de grandes guerres, n'y a pas été fi fenfible qu'en France & en Efpagne. C'eft que l'adminiftration intérieure eft confiée à des Etats ; que les intérêts des Peuples font ménagés par d'autres fuffrages que par les horribles lumieres des Traitans ; que les Contribuables tirent des conjonctures le moins mauvais parti qu'ils peuvent ; qu'ils choisissent les genres d'impositions les moins fâcheux pour la campagne, & qu'ils les levent eux-mêmes avec moins de frais & de vexations.

On se convaincroit encore davantage de tous ces principes en parcourant l'Allemagne ; on y trouveroit différens degrés de Démocratie, & l'on reconnoîtroit que ces pays, selon qu'ils suivent ou s'écartent des principes que je viens d'établir, sont plus ou moins abondans, & les Souverains plus ou moins riches & respectés, la mesure de la justice étant celle du succès du Gouvernement.

Article XVIII.

La Russie (*).

L'Empire de Russie ou Moscovite n'étoit compté, il y a cinquante ans, que parmi lés Nations barbares ; on confondoit les Russes avec les Tartares & les Cosaques.

Un seul homme l'a tiré de cet état, & l'a

—————————————————————

(*) Avant 1750.

rangé parmi les Puissances considérables. Elle est redoutable & déjà digne qu'on réprime son trop de pouvoir ; car cette Puissance étant arrivée soudainement à la civilisation, s'est trouvée d'une grandeur immense ; on en oublioit l'immensité, par le mépris que l'on faisoit de sa barbarie.

Pierre le Grand a été à la fois Législateur & Conquérant, ce qui constitue un des plus grands hommes que le Monde ait vus.

Outre la vaste étendue de leur Empire, les Czars se trouvent en possession d'une autorité sans bornes sur leurs Peuples ; respect & dévouement de superstition, tel qu'on l'a vu souvent chez les Nations sortant de la barbarie. Les Souverains y sont chefs de la Religion & de l'Etat.

.Pierre le Grand étant donc réellement le maître de ses Peuples, en a fait tout ce qu'il a voulu, & n'y a pas perdu de temps.

Le progrès de la politique n'y est peutêtre pas fort grand encore, du moins dans l'intérieur du pays ; mais les principes de ce Gouvernement en sont si bien fondés, qu'elle a fait de nouveaux progrès, même pendant des minorités, & sous le regne de femmes dont le mérite & la vertu étoient au moins révoqués en doute.

A un Peuple dans cette situation il faut d'autres Loix qu'à ceux plus anciennement fortis de la barbarie ; il faut exciter aux Arts & même au luxe ; il faut attirer des Etrangers dans le Pays, moins pour y augmenter le nombre des habitans, que pour infpirer aux naturels les vertus fociales & le bon goût.

Au refte, la politique Ruffe pourroit fe tromper en continuant à entreprendre des guerres d'ambition ; cet Empire n'a déjà que trop d'étendue, & il a affez de côtes & de fieuves pour faire un grand commerce ; il ne devroit entrer que dans des guerres où il pût fe concilier l'amitié & le concours des Etrangers, faire oublier l'excès de fa puiffance, & non pas s'attirer l'envie dès la naiffance de fa politique : déjà l'Europe fe repent de lui avoir prêté des fecours propres à le perfectionner , & de s'être endormie fur fes premiers progrès.

Le Czar, defpotique comme il l'eft fur fes Peuples, n'élevera certainement pas fa Nobleffe à côté de lui ; au contraire, on a déjà vu Pierre le Grand travailler efficacement à abaiffer les Boyards ; fes fucceffeurs admettront le mérite aux places, & éleveront les gens de fervice. Le temps de l'Aristocratie est passé quand le Despotisme s'est établi sans son secours.

A R T I C L E XIX.

La Turquie.

L'Empire Turc éprouve toutes les horreurs du Despotisme & de la Tyrannie. S'il faut aux objets un grand jour pour les connoître, on peut se convaincre, en considérant l'état de la Turquie, de tous les maux que peut causer le Gouvernement Monarchique sans l'admission d'aucune Démocratie.

Dans tout ce que j'ai dit précédemment des Gouvernemens les plus Monarchiques, on a pu voir qu'il y avoit toujours quelques moyens propres à contenir les intérêts de la chose publique ; quand la Noblesse, qui approche seule du trône, est en grand nombre, elle a ses intérêts, des terres en propriété, & elle se fait écouter ; le Peuple peut quelquefois emprunter son organe auprès du Monarque : si la Noblesse concourt avec le Peuple, le Gouvernement est mêlé de Démocratie.

Mais en Turquie, la volonté seule du Monarque fait les Loix & conduit tout, ou plutòt ne conduit rien. Dans cet

Empire barbare, ce n'eſt ni la cruauté des ſupplices, ni la briéveté des condamna-tions capitales & des jugemens civils, ou les chutes ſubites des Grands de la Porte, qui conſtituent la tyrannie de l'Empereur; peut-être trouveroit-on de grands traits dans ces pratiques effrayantes ; ce ſont bien d'autres effets de ſervitude, qui cau-ſent, depuis quelque temps, ſa décadence & entraîneront bientôt ſa ruine.

On n'y voit point des grandeurs innées; mais le mérite n'y gagne rien ; les choix ſont guidés par l'avarice, ou dictés par le caprice, & les Officiers ſont dépoſés par la même méthode.

Il n'y a pas plus de propriété dans les biens que dans les charges ; les diſpoſitions des biens viennent de la cupidité de l'en-vie, rarement de la juſtice, & en tout cas les vexés ou plaignans n'y gagnent rien.

Tout ce qui a quelque autorité ſur le Public, eſt Officier du Souverain, ou plu-tôt en eſt l'eſclave.

Ces Officiers ne ſavent d'où ils viennent ni où ils vont ; ils ſont tirés du nombre des enfans de tribut élevés dans le Sérail, & leur race meurt avec eux, quoiqu'ils laiſſent beaucoup d'enfans ; mais leurs biens retournent à l'épargne du Prince ;

par-là chacun n'est en ce monde que pour
soi, & ne peut songer qu'au présent : ce
présent étant fort court, & brusque par
l'avarice & la débauche, de quel usage seroit le mérite ? & de quelle utilité seroient
l'économie & le ménagement ?

Le moindre Officier représente, dans
ce qui lui est confié, toute la rigueur du
despotisme du Souverain.

Les défauts du Gouvernement Turc attaquent plus la police que les autres parties du Gouvernement, & c'est le défaut
de tous ceux qui ont exclus la Démocratie.
On me demandera sans doute ce que c'est
que la police dont je parle si souvent.

La police comprend tout ; c'est le véritable Droit public qui regle les intérêts
des Citoyens respectivement avec la Société ; c'est le bon ordre, duquel doit résulter le bonheur des hommes, les mœurs,
la tranquillité & la force de l'Etat.

Il faut convenir que les armées Turques
ont quelque force par la valeur des Janis-
saires ; qu'il se trouve quelques Cadis qui
aiment la justice, qu'on la rend avec une
précision qui l'emporte communément sur
nos formalités dilatoires & déclinatoires,
& que le Souverain y a beaucoup d'argent
& de riches épargnes ; mais on ne peut
pas

pas s'en tenir à quelques avantages vagues, il faut entrer dans l'examen du Gouvernement, conftater le progrès des abus & prévoir où ils vont.

Je ne parle pas ici des vices de l'Empire même, qui rendent le Grand-Seigneur fi fujet à être détrôné par une armée, trouvant fa crainte dans ce qui fait l'appui des autres Monarques ; je traite des défauts qui retombent fur les fujets, ouvernés.

L'Empire Turc devient à rien ; il s'énerve plutôt qu'il ne fe démembre, & cela eft pis ; cependant il fubfifte encore ; mais les jaloufies réciproques des Princes Chrétiens font peut-être aujourd'hui fon appui le plus folide.

Les Turcs ne travaillent point, ils ne fe policent point, ils ne difciplinent point leurs armées, tandis que nous autres Chrétiens nous avançons beaucoup fur tous ces points.

Les Turcs ne peuplent point ; la Polygamie leur nuit plus qu'elle ne leur fert (*). Un jour les Francs, en ranimant les foibles

___

(*) Cette obfervation qui a l'air d'un paradoxe, eft pourtant vraie, du moins quant à la Turquie, & vu l'état de la Nation Turque ; car elle ne le feroit peut-être pas ailleurs, fur-tout fi l'on pouvoit régler &, pour ainfi dire, policer la polygamie.

G

restes de la Nation Grecque, feront la loi aux Turcs, & changeront entiérement la face de ce pays, dans lequel, à préfent, les Villes font toutes ruinées, & n'auront bientôt plus pierre fur pierre; l'état en eft changé autant que les noms, autrefois fi doux, & qui rappellent encore à ceux qui les favent, l'idée de la politeffe & du goût de l'ancienne Grece.

Les différentes portions du Peuple Turc ne peuvent fe réunir ni s'ameuter pour les intérêts communs, foit du commerce, foit de la police ou des mœurs. Quels Réglemens, quelles Loix, quel concert peut-il réfulter de parties auffi incohérentes? Ainfi tout y eft arbitraire, & n'a pour unique objet que l'intérêt momentané d'un Maître avide & barbare.

Prefque tous les Arts nouveaux y font profcrits par la Religion & par la Loi : on ne veut recevoir des Chrétiens que le produit de leurs Arts, mais non l'Art même, & c'eft juftement la maxime contraire qu'admettent les Etats bien gouvernés; la raifon même refte dans fon enfance, dès qu'elle fe refufe la communication avec ceux qui travaillent à la perfection de la Philofophie.

L'ignorance abrutit la Turquie, & la

misere la dépeuple ; la stupidité & l'indolence suspendent les fortunes & éteignent les familles.

La propriété des peres sur leurs enfans engage ailleurs à l'amour du bien, & fait désirer d'avoir des héritiers pour les avancer dans le monde ; mais il faut pour cela que les portes soient ouvertes à l'industrie, à l'émulation, & même à quelque ambition.

Si j'ai proposé plus haut le sujet de grandes études & de leçons à prendre pour perfectionner le Gouvernement Monarchique par quelques arrangemens heureux, j'offrirai le Gouvernement des Turcs au nôtre comme la source de la plus triste application.

Les Lacédémoniens montroient à leurs enfans des esclaves ivres, pour leur imprimer l'horreur du vin.

Au reste, voici le mot de cette énigme. La Nation Turque n'a point encore de Gouvernement formé, & en général les Peuples barbares & conquérans ne s'en font un qu'après qu'ils sont venus à bout de satisfaire leur ambition & leur avarice par des conquêtes & des usurpations sans motifs, sans regle & sans mesure. Ainsi, depuis plus de trois cent ans que les Sultans ont fondé leur Empire, ils ont abfolument négligé les moyens de le gouverner, en établiffant des Loix propres à tirer parti de leurs fujets & à les rendre heureux. L'on ignore tout-à-fait en Turquie & dans tous les pays Mahométans ce que nous appellons en Europe *Droit Public*. Qu'on ne s'imagine pas que le Defpotifme y foit fondé fur des Loix ; il eft contre la nature de toutes Loix de favorifer cette efpece de Gouvernement, ou plutôt cet abus énorme de l'autorité, qui difpenfe le Souverain de toutes formes & de toute modération, & qui rompt tous les freins qui pourroient le retenir : mais quand les Loix & les freins dont je viens de parler ne font pas fuffifamment établis & ne font garantis par perfonne, alors les paffions humaines fuffifent pour occafionner tous les maux qu'une multitude d'hommes peut éprouver lorfqu'elle eft livrée au caprice d'un feul. Alors les Peuples emploient le dernier moyen qu'ils puiffent oppofer à la tyrannie, la révolte : on peut dire que c'eft la derniere reffource des Peuples, *ultima ratio gentis*, comme on lit écrit fur nos canons, *ultima ratio Regum* ; mais les effets de la révolte font d'autant plus terribles, qu'ils ont été moins préparés, qu'on a moins cherché à l'éviter, qu'on s'eſt moins précautionné contre les déſordres qu'elle entraîne toujours avec elle. C'eſt ce qui doit néceſſairement arriver dans un Etat gouverné ſans Loix & ſans forme. Quand il y a dans un pays une forme de Gouvernement reçue, on peut, abſolument parlant, la changer ſans tomber dans l'Anarchie ; mais ſi ce pays n'a ni regles, ni Loix, ni point d'appui, le Peuple révolté ne ſait ni d'où il part, ni où il va, & ce n'eſt qu'après une longue ſuite de malheurs qu'il ſent enfin la néceſſité de s'arranger & de ſe ſoumettre à une autorité convenue.

A R T I C L E XX.

La Chine.

Si la Turquie nous offre un exemple effrayant de l'abus de l'autorité Monarchique pouſſée juſqu'à la tyrannie & au deſpotiſme, nous trouvons dans une autre extrémité de l'Aſie un modele ſatisfaiſant & conſolant de cette même autorité exercée avec modération & à l'avantage réciproque du Monarque & des ſujets. On ne peut pas dire que le Gouvernement de la Chine ſoit mixte, puiſque toute l'autorité eſt entre les mains du Souverain, ou, pour mieux dire, émane de lui ; mais le principe inſpiré par le divin Confucius, & adopté par les ſages Chinois, eſt de laiſſer l'Ariſtocratie & la Démocratie exercer, à l'abri du trône & ſous la protection de l'Empereur, une double autorité ſecondaire, balancée de maniere que l'Ariſtocratie, les Grands & les Mandarins contiennent le Peuple, mais ſoient éclairés par lui, lui ſoient en quelque façon comptables de leur bonheur ; que de leur côté ils éclairent le Monarque, qu'ils ſoient ſurveillés en ſon nom, & qu'ils lui répondent de la bonne adminiſtration & de la juſtice qui leur eſt confiée dans les Provinces. Une Monarchie régie ſur de pareils principes, ne peut jamais craindre la qualité odieuſe de Deſpotique ; auſſi ce Gouvernement, également abſolu & juſte, a-t-il été le plus durable du monde ; il y a quatre mille ans qu'il ſubſiſte ſans altération dans ſes principes : dès qu'ils ont été connus, ils ont été admirés & conſtamment ſuivis.

La Chine a été pluſieurs fois ſoumiſe par des Nations barbares. Les Peuples doux, civiliſés & raiſonnables, ont bien ſenti qu'ils ne feroient que changer de Maîtres;

mais que bientôt les féroces Tartares les gouverneroient pour leur propre intérêt, comme ils l'avoient toujours été. C'est ce qui leur feroit arrivé, quand même ils auroient eu à faire à des Conquérans qui auroient eu un Droit Public moins parfait que le leur ; à plus forte raison des Barbares, qui n'avoient point d'idée d'une administration réguliere, devoient-ils adopter celle-là.

Les Chinois comparent l'autorité Monarchique à un fleuve immense qui d'abord rompt toutes les digues qu'on veut lui opposer, franchit les obstacles ; mais lorsqu'une fois il a formé son lit, il roule ses eaux avec tranquillité, devient bienfaisant pour les campagnes qu'il arrose, &, sans rien perdre de sa majesté, laisse tirer de son sein des canaux d'arrosement qui fertilisent les champs à une assez grande distance : ils ajoutent, qu'un bon Gouvernement porte sur deux colonnes sans lesquelles il ne peut subsister, l'autorité & la modération.

Les Chinois assimilent leur Empire à celui du Ciel, & leur Monarque à l'Être suprême : s'il n'étoit pas tout-puissant, il ne seroit pas Dieu ; s'il étoit injuste, il ne le seroit pas non plus. Qu'opposent-ils à la tentation qu'auroit leur Prince d'être Tyran ? La fenfibilité qu'ont ces Princes pour leur reputation, & plus encore pour leur bonheur & leur intérêt perfonnel. L'éducation des Princes de la Chine eft dirigée conféquemment à ces principes ; & comme la Couronne y eft darive par l'Empereur régnant à celui de fes enfans qu'il en croit le plus digne, il s'établit une émulation entre eux à qui méritera mieux de la porter par fes fentimens & par fes talens. Ils répetent fans ceffe que tout l'Empire Chinois n'eft qu'une feule famille, que leur Empereur n'a ni efclaves ni ferviteurs, mais que tous font efclaves de la Loi diftée de toute ancienneté par l'Être fuprême , auteur du Droit Naturel, & appliquée graduellement par l'Empereur, qu'on appelle le Grand-Pere ; les Mandarins fe nomment fes enfans, & font, difent-ils, les peres & les tuteurs immédiats du Peuple. La conduite des Mandarins eft éclairée par des Vifiteurs, & ceux-ci, qui deviennent Mandarins à leur tour, le font par d'autres ; ainfi la lumiere s'étend jufqu'à l'extrémité de l'Empire par autant de rayons qui partent du même centre, comme le Soleil éclaire le Monde.

Aucune Magiftrature Provinciale n'eft confiée à un homme de la Province. L'ad-

miniftration & le foin de la Juftice ordinaire font cependant exercés par les gens
du pays qui en connoiffent plus particuliérement les reffources; mais la furveil-
lance de ceux-ci, & les commiffions extraordinaires font toujours entre les mains
des étrangers, de l'impartialité defquels on
eft bien plus fûr. Les grandes vertus & les
grandes actions ne font jamais fans récompenfes éclatantes; mais on prend bien
garde de ne les pas prodiguer; car ce feroit les avilir que de les accorder à des
actes de probité, d'humanité, de reconnoiffance & de refpect filial, auxquels tout
le monde eft obligé. Cette profufion, au
lieu d'être utile à la vertu, la rendroit plus
rare. Il faut favoir économifer les graces
les plus juftes, comme les fupplices les
plus féveres.

Il n'y a point à la Chine de nobleffe
héréditaire, du moins aucune autorité
publique ni fonction ne fe tranfmettent
des peres aux enfans; cependant les familles confervent, dans ce qu'on appelle
la Salle des Ancêtres, des tableaux qui
contiennent les noms & les fervices de
leurs parens. Les Chinois croient qu'il leur
fuffit de citer des exemples, pour encourager les jeunes gens à mériter des graces

par eux-mêmes. Il n'y a point de perfécution à la Chine, en matiere de Religion, qu'autant que les Prédicateurs des nouvelles opinions en voudroient introduire qui dérangeaffent l'ordre public. Hors cela, chacun peut penfer ce qu'il veut ; mais il y a des cérémonies qui tiennent à la police & aux mœurs. Il faut que tout le monde s'y conforme, fans quoi l'on mérite punition. D'ailleurs les Mandarins doivent parler la Langue de l'Empereur, écrire avec les mêmes caracteres, adorer l'Être fuprême de la même maniere, & pratiquer à l'extérieur les mêmes cérémonies, parce qu'il eft, difent-ils, néceffaire que la Religion, la Morale & la Politique n'aient qu'une feule & unique bafe.

Les femmes font exclues, à la Chine, de toute efpece d'adminiftration publique ; elles fe mêlent tout au plus de l'intérieur de la famille, encore eft-ce pour ce qui regarde le phyfique plutòt que le moral, & les filles plutòt que les garçons.

On ignore dans cet Empire ce que c'eft que le gros jeu & les pertes confidérables. L'état de Financier, celui de Banquier, les emprunts à rentes avec hypotheques fur des fonds, font des chofes &

des mots dont on n'a pas d'idée. Les Mandarins n'ont point de honte d'être comptables , & de retirer des fujets ce que ceux-ci doivent légitimement au Souverain, ou, pour mieux dire, au *Fifc public,* & ces mots de *Fifc* & de *Fifcal*, fi odieux dans notre Europe, & qui l'étoient du temps des Romains, ne le font point à la Chine. L'impofition étant reconnue néceffaire, la diftribution égale, l'emploi toujours jufte & convenable, chacun eft obligé de fe reconnoître pour coupable, quand il s'y refufe ; auffi eft-on alors puni comme fi l'on avoit commis une faute contre l'ordre public : dans ce cas , la punition eft toujours perfonnelle & corporelle ; c'eft une baftonnade , ou autre fupplice proportionné à la faute ; mais jamais on ne s'en prend aux biens du coupable, ils ne font jamais confifqués ni faifis ; ce feroit , difent les Chinois, une grande injuftice que de faire payer à une famille innocente la faute de celui qu'elle ne pouvoit pas empêcher de la commettre, & de priver fes enfans, fous ce prétexte, des biens qui doivent leur revenir.

Tout eft diftributif à la Chine, & dans le plus bel ordre. L'adminiftration , les impofitions, la juftice, l'éducation, même la politeſſe, tout y eſt dans les proportions les plus exactes. On ne ſouffre pas que les ſciences & les connoiſſances ſoient acquiſes autrement que dans la juſte meſure où elles peuvent être utiles, & par ceux à qui elles le ſont. Solon, en laiſſant aux Athéniens la liberté de ſe livrer au goût des Arts & de la Philoſophie, en fit un Peuple aimable, poli, voluptueux, mais qui s'éloigna bientôt de tous les bons principes, en s'abandonnant aux écarts d'une imagination déréglée. Lycurgue rendit les Spartiates terribles à la guerre, ſéveres dans leur adminiſtration intérieure, groſſiérement juſtes, mais rebutans par l'auſtérité de leur morale & de leurs mœurs. Le Gouvernement Chinois ſe tient dans un juſte milieu, & les Loix de Confucius, auſſi anciennes que celles de Solon & de Lycurgue, ſubſiſtent encore, tandis que les autres ſont anéanties & ont même cauſé la deſtruction des Empires qui les avoient reçues. Je crois exact le tableau que je viens de faire du Gouvernement de la Chine, parce qu'il eſt conforme aux Relations de nos Miſſionnaires. Si, par malheur, j'en avois altéré quelques nuances, ce ſeroit tant pis pour les Chinois; mais c'eſt un modele que je propose aux Nations de l'Europe ; tant mieux si elles en profitent.

ARTICLE XXI.

Le Paraguay.

Il existe dans le Nouveau Monde un pays dont le Gouvernement pourroit servir de modele à ceux de l'Europe, si le monde étoit encore dans l'état d'innocence, & tel qu'il est sorti des mains du Créateur ; peuplé d'hommes à la vérité, mais d'hommes simples & purs, sans passions vives, sans préjugés, sans mauvais exemples, & sans connoissance de tout ce qui pourroit altérer leur bon naturel ; mais il a fallu un rapport de circonstances bien extraordinaires pour rendre vraisemblable, s'il n'est pas tout-à-fait vrai, le Gouvernement du Paraguay.

Les Espagnols ayant soumis l'Amérique méridionale de la maniere que tout le monde sait, n'ayant pas assez d'Européens pour la peupler, ne se sont attachés qu'aux pays abondans en mines d'or & d'argent, & à ceux qui leur assuroient l'entrée de ces mines & les débouchés nécessaires pour faire sortir les richesses qu'ils en tiroient.

Le Paraguay, Province vaste & fertile, est tout entier dans l'intérieur des terres, & n'a de communication avec les côtes de la mer que par la riviere de la Plata & le Port de Buenos-Ayres, dépendant de la Monarchie Espagnole. Celle-ci s'est convaincue qu'on ne trouvoit dans le Paraguay aucune espece de mines d'or, d'argent, ni de pierres précieuses. Il est cependant très-fertile, ou du moins très-susceptible de fertilité ; ce qu'on a défriché de terrein, au milieu des vastes foréts qui le remplissent, produit tout ce qui est nécessaire à la vie. Le maïs ou blé d'Inde y croît aisément, pour peu qu'on le seme dans une terre neuve & productive. Le manioc & l'yuca sont des racines dont on fait du pain aussi salubre & aussi nourrissant que le nôtre, moyennant quelques préparations aisées. Avec la farine de maïs fermentée on compose une liqueur forte & enivrante, qu'on appelle *chica :* les Indiens la préferent au vin, & il est vrai qu'elle vaut mieux que le cidre ; on y cultive une infinité de légumes, des cannes de sucre, des fruits de toute espece, enfin l'herbe du Paraguay, dont l'infusion est aussi agréable & même plus utile que celle du thé ; on y trouve des bois de

tous genres, propres à la bâtisse, à la menui-
serie, & même à l'ébénisterie ; les animaux
propres à nourrir les hommes, à les vêtir &
à leur servir pour les travaux de la campagne, y sont très-communs ; les bœufs &
les chevaux y ont été amenés de l'Europe,
& s'y sont multipliés à l'infini ; ils.y sont
sauvages ; mais les Indiens ont appris l'art
de les dompter : il y a un assez grand
nombre d'animaux nuisibles ; mais la Nature bienfaisante y fournit des préservatifs
contre le danger de leurs morsures, & l'industrie naturelle des habitans suffit pour
s'en garantir & les écarter. Enfin, tout
ce qui peut satisfaire des besoins réels &
être l'objet de désirs sages & modérés, se
trouve dans le Paraguay ; il n'y manque
que ce que convoitent mal à propos l'ambition & l'avidité des Européens.

Ce sont les habitans d'un pays si heureusement disposé, que les Jésuites se sont
chargés de civiliser & de gouverner ; &
si jamais il y a eu une ambition raison-
nable, il faut convenir que c'est celle-là.
Ces honnêtes Conquérans n'ont point
versé le sang des innocens pour les dompter, mais ils les ont touchés, persuadés,
& leur ont fait entendre que leur intérêt
étoit de se soumettre : aussi ces bons Peres

n'ont - ils pas befoin d'armée étrangere pour fe faire obéir. Environ foixante Jéfuites fuffifent pour gouverner fix cents peuplades difperfées dans trois cents lieues de pays. Ils y font révérés comme des Dieux bienfaifans, auxquels on n'a jamais offert de facrifices fanglans, & qui n'exigent d'autres tributs que la reconnoiffance, pour tous les avantages qu'ils procurent. Ils ont appris à ces Sauvages à cultiver la terre, & à rendre leur fubfiftance plus aifée & plus agréable. Ils leur ont enfeigné l'art de fe loger, de fe meubler & de fe vêtir commodément, mais fans fafte ; de fe communiquer leurs idées par la parole & par l'écriture, en adoptant une Langue unique & des caracteres qui font à préfent connus dans tout leur pays ; mais ils n'ont point furchargé la tête de ces bonnes gens de connoiffances inutiles à leur bonheur. Ils leur ont enfeigné une Religion dont les myfteres font fublimes, mais n'étonnent point des Peuples qui conviennent que tant d'autres chofes font au deffus de leur portée ; les cérémonies de cette Religion font pompeufes & impofantes, & méritent véritablement le nom de fêtes ; enfin fa morale eft pure & foutenue par des efpérances

brillantes

brillantes, & des terreurs qui paroissent bien fondées. Ils leur ont fait entendre qu'en s'aimant & se secourant mutuellement, on se rendoit bien plus agréable à l'Être suprême qu'ils leur ont fait connoître, qu'en se battant & se déchirant : que nous naissons tous freres & non ennemis les uns des autres. Une pareille doctrine prêchée par des gens qui effectivement n'exigeoient de leurs néophytes que ce qui contribuoit à leur bonheur, ne pouvoit manquer d'être goûtée.

Les Jésuites ont fait mettre aux Paraguayens tous leurs biens & toutes leurs denrées en commun : le résultat de cet arrangement est que personne ne manque de rien, & que chacun sent qu'il est obligé de contribuer au bien général suivant ses forces. On nourrit les enfans qui ne sont point en état de travailler, dans l'espérance qu'ils travailleront un jour, & les vieillards par reconnoissance de ce qu'ils ont travaillé. On ménage les femmes & on ne les accable pas de trop de travail, parce qu'elles sont destinées à augmenter la population, ou se sont déjà acquittées de ce devoir. Les mariages ne se faisant jamais par ambition ni par intérêt, mais toujours par inclination, les ménages y sont

H

communément heureux & tranquilles. Il y a lieu de croire que les Missionnaires, contens d'observer eux-mêmes le célibat religieux, ne le prêchent ni ne le conseillent aux Indiens ; cela seul suffiroit pour rendre les Prédicateurs suspects. Ils leur inspirent, dit-on, un grand respect pour les Espagnols, mais leur en laissent fort peu voir, & se gardent bien d'attirer les Indiens dans les Villes commerçantes & remplies d'Européens. Hélas ! ils n'y verroient que d'affreux exemples, capables d'altérer ou de détruire leurs bons principes. De temps en temps l'Evêque du Paraguay vient y faire sa visite : les Jésuites le reçoivent, & le font recevoir par les Indiens avec honneur & respect; mais ils ne le quittent pas d'un pas, font partout ses interpretes ; & comme le Prélat ignore toujours la langue Guarani, qui est celle du pays, il voit, il admire, mais il ne s'instruit que jusqu'au point où l'on veut qu'il le soit, & ne donne d'autres ordres que ceux qui conviennent aux bons Peres ; s'il en donnoit de différens, ils ne seroient point exécutés. La police & l'administration de chaque peuplade sont confiées à des Magistrats populaires; mais le Missionnaire est toujours regardé comme le Juge fuprême & l'interprete des Loix religieufes, civiles & militaires ; car ils en ont de cette derniere efpece, & elles leur font néceffaires pour fe mettre en état de défenfe contre des Peuples bien plus fauvages qu'eux, & qui viennent quelquefois troubler leur tranquillité. Alors les Chrétiens du Paraguay forment des troupes braves & bien difciplinées. L'intérêt de leur défenfe commune les anime, & leur fait faire de plus grandes chofes, que la vanité, l'ambition & l'avidité n'ont pu en infpirer aux Conquérans des deux Indes. Les Jéfuites ont appris aux Paraguayens à fe fervir des armes à feu, & même à en fabriquer, à faire des manœuvres de cavalerie & d'infanterie : ces Peuples feront toujours heureux, fi les Efpagnols ne veulent pas tourner ces redoutables connoiffances au profit de leur ambition. Jufqu'à préfent le Gouvernement Efpagnol fe contente, dit-on, de percevoir une piaftre ou l'équivalent en denrées & en marchandifes par chaque tête d'Indien du Paraguay. On envoie de temps en temps des Officiers Efpagnols chargés de conftater l'état de ces Peuplades ; les Jéfuites les reçoivent de la même maniere que l'Evêque, & avec les

mêmes précautions. On a tenté plusieurs
fois de persuader à la Cour d'Espagne que
les Jésuites tiroient, pour leur compte,
de gros profits de ces habitations : rien
n'a prouvé la vérité de cette accusation;
mais quand elle seroit fondée , il est certain que le Roi d'Espagne, en faisant gouverner ces Peuples tout autrement, n'en
tireroit pas un meilleur parti, & rendroit
ces pauvres gens malheureux. Souhaitons,
pour le bien de l'humanité , qu'il existe
un pays ainsi gouverné par les Loix les
plus justes & les plus simples de la raison
& de l'équité. Quoi qu'on en dise des
Quakers & des Herutters, un pareil Gouvernement ne pourroit point long-temps
subsister en Europe. Ce n'est donc pas un
modele que je viens de proposer , c'est
un vœu que j'ai formé , mais sans doute
très-inutilement, pour un bonheur dont
nous ne sommes pas susceptibles : atta-
chons-nous à former des plans plus prati-
cables, quoique moins séduisans.

CHAPITRE IV.

Ancien Gouvernement féodal de France.

LA République Romaine en tout temps, & fes Empereurs tant qu'ils ont régi leur Empire avec ordre, ont donné l'exemple du Gouvernement qui me paroît le meilleur. Dans les Gaules fur-tout, il y avoit fous les Empereurs quantité de Cités, ce qui doit s'entendre des Villes avec leurs diftricts bien plus étendus que ne font aujourd'hui les banlieues de nos Villes. Ces Cités avoient des Confeils ou Sénats fubordonnés, qui étoient la même chofe que nos Magiftratures municipales; ils adminiftroient la juftice, la police & les finances avec autorité & liberté. Sous les Empereurs qui gouvernerent le mieux, les Cités fe multiplierent, fur-tout dans les Provinces éloignées de Rome. Les Officiers de l'Empereur, les Préfets du Prétoire ou leurs Vicaires n'avoient qu'une infpection générale fur les Cités ; les Receveurs généraux des Empereurs raffembloient le produit des impofitions ; mais

c'étoient les Sénats ou Curies qui en faifoient la levée fur les particuliers, fuivant
la méthode & le tarif qui leur paroiffoient
les meilleurs ; ce qui reffemble beaucoup
aux ufages de nos Pays d'Etat.

Voilà ce qui a précédé notre Gouvernement féodal, qui n'a commencé même
qu'affez long-temps après que la Gaule
a été domptée par les armes des Francs,
& qui a produit la tyrannie de détail, plus
fâcheufe que celle qui foumet tout un
grand Empire à un feul homme. Les
Chefs s'arrogeant toute autorité, ont oublié l'objet du bonheur public, qui réfide
plus dans la Commune que dans la Nobleffe. Par la fuite, le Gouvernement militaire a dégénéré en France en Gouvernement financier, par la raifon que l'argent eft devenu le nerf de la guerre. Qui
eût dit que la politeffe ameneroit ce dé-
fordre, & que le moyen affujettiroit fon
objet ? On abandonna d'abord dans les
Gaules tout ce qui dépendoit de la finance
aux Juifs, gens méprifés & abhorrés, tandis que les Financiers font aujourd'hui nos
véritables Magiftrats.

Le Gouvernement féodal confiftoit dans
l'autorité que les Rois de France avoient
fur leurs Feudataires immédiats ; ceux-ci

fur les arrieres-Feudataires de la Couronne, & ces derniers fur d'autres Nobles fubordonnés ; enfin tous les Seigneurs dominés & dominans fur les roturiers , manans & habitans de leurs terres, qui étoient pour la plupart ferfs ou efclaves.

Le Roi n'avoit pas feulement un droit univerfel fur tous les Fiefs qui originairement relevoient de fa Couronne, il avoit encore des droits de propriété dans fes Domaines, & des droits régaliens dont ne devoient pas jouir d'autres Seigneurs ; mais ces Seigneurs avoient ufurpé les plus importans, & pouvoient les exercer d'une façon plus intéreffante que le Roi même , parce qu'ils étoient plus à la portée de fe faire craindre de leurs vaffaux , que n'étoient de foibles Cenfitaires non armés ni défendus. Il faut croire que fi les temps avoient continué à être favorables aux grands Feudataires , & fi la France, depuis Hugues Capet , n'avoit pas eu des Rois fermes , ou ceux-ci des Confeils habiles , bientôt la fuzeraineté fe feroit abfolument confondue avec la fouveraineté.

Les Fiefs s'appeloient originairement Bénéfices, & étoient à vie ; mais par habitude ils devinrent héréditaires : les Com-

H iv

tés & les Marquifats, qui n'étoient que des Charges amovibles, furent bientôt à vie, puis héréditaires ; les Offices dégénérerent en biens patrimoniaux dans les familles. Les Officiers chargés de rendre la juftice, & du commandement des armées, fubdéléguoient d'autres Officiers fubalternes chargés des mêmes foins ; & ces foins ayant des charmes pour ceux à qui ils furent confiés, d'autant plus qu'ils les honoroient & les enrichiffoient, ceux qui les avoient obtenus les conferverent pour leurs enfans.

Telle eft la véritable origine des Fiefs & de tous les droits qui en dépendent ; ufurpation par-tout, tolérance forcée de la part de nos Rois, qui n'ont trouvé le moyen d'en éviter le danger pour eux, qu'en rendant les droits qui en font reftés, ou vains ou odieux ; ainfi ils ne nuifent plus qu'au Public, fans offufquer la Monarchie ; elle a écarté ce qui lui étoit le plus incommode ; ce qui fubfifte n'eft qu'une ombre de feigneurie, & encore cette ombre eft-elle fouvent gênante & dommageable : tel eft le droit de chaffe fur fes voifins, fource de querelles & d'infultes ; les droits confidérables de mutation & de relief en fucceffion collatérale,

par où les terres mal adminiftrées paffent
plus difficilement dans des mains qui les
cultiveroient mieux ; l'exercice de la juftice feigneuriale négligé par-tout , &
pratiqué par une race de gens avides ,
toujours occupés à exciter l'habitant fimple à plaider ; enfin tous ces différens
droits, procès, chicanes, vieilles recherches , empêchement à la bonne culture
des terres, rétréciffement de l'abondance,
obftacle au bonheur de la campagne.

On prétend que ce droit féodal nous
vient des Lombards, & que ceux-ci l'a-
voient apporté du Nord.

Il eft certain que les Romains n'ont
jamais connu ce genre de fervitude qui
foumet une petite terre à une autre terre
un peu plus grande, quoique le poffeffeur
de celle-ci ne foit pas le Souverain du pays ;
un tel arrangement ne peut venir que
d'un efprit d'orgueil & d'intérêt , qui a
porté les fujets à copier les Monarques
dans les terres de leur Domaine ; la foibleffe des Rois fainéans a rendu toute
ufurpation héréditaire , & les enfans ont
enchéri fur les ufurpations de leurs peres,
en établiffant la tyrannie graduelle & héréditaire qui les rendoit, avant que de
naître , plus puiffans que tant d'autres

qui avoient plus de fervice & de mérite qu’eux.

Qu’on ne cherche point l’origine des Fiefs dans les premieres conquêtes de nos Francs fur les Gaulois ; on ne voit pas que ces Conquérans fe foient avifés du droit féodal : les vainqueurs fe font bien arrogé quelques terres dans les meilleures fituations, ils les ont cultivées, ils y ont bâti aux dépens des vaincus ; mais dans ces temps, on ne penfoit point encore à prendre des conceffions étendues en terres qu’on ne pouvoit cultiver. Qui eût imaginé alors les baux, les fous-baux, les rétroceffions, les licitations ?

Les Capitaines Francs ne céderent point à leurs foldats compatriotes les terres dont ils ne favoient que faire, à charge d’hommage & de fervitude : ces guerriers fe regardoient comme compagnons ; un champ de quelques arpens fuffifoit pour nourrir la famille d’un Franc, & ils laifferent le refte aux anciens cultivateurs. Les Gaules étoient fort peuplées, & il ne faut pas croire que les Gaulois fuffent affez vaincus pour être efclaves comme nos Negres, ou feulement comme les efclaves des Romains & ceux des Mahométans. Les Gaulois reftoient dans leur

patrie, & c'eſt la déportation qui conſti-
tue principalement l'eſclavage ; nul n'eſt
facilement eſclave dans ſon pays ; ſi on
l'y traitoit comme tel, il trouvercit des
reſſources pour s'en relever. Ce n'eſt qu'au
prix de la plus grande partie de leur ſang,
que les Indiens ont ſubi, ſeulement dans
quelque partie de l'Amérique, cette eſpece d'eſclavage qui réduit l'homme à ſervir un maître, ainſi que le font un bœuf
& un mulet. Il faut donc regarder les
conquêtes des Francs plutôt comme une
occupation des principaux poſtes du pays,
que comme une ſubjugation des habitans. On ſait d'ailleurs que les Romains
ſe confondirent en peu de temps ſi bien
avec les Gaulois, que lorſque les Francs
ſe rendirent les maîtres des Gaules, ces
mots étoient devenus, pour ainſi dire, ſy-
nonymes.

L'uſurpation eſt ingénieuſe quand le
temps en a caché l'origine ; c'eſt elle qui
a fabriqué tout ce beau roman en vertu
duquel on prétend la rendre légitime, &
dont je viens d'eſſayer de montrer l'ab-
ſurdité.

Le droit féodal n'eſt, à tous égards,
qu'une uſurpation ſur la royauté ; il eſt
vrai que, dans l'origine des choſes, preſ-

que tout pouvoir est usurpation, si l'on veut l'examiner avec rigueur, & que la royauté vient toujours d'un contrat ou précis ou sous-entendu entre le Roi & le peuple ; que ce contrat est plus ou moins conditionnel, & exige toujours l'observation des Loix naturelles ; mais en même temps il donne lieu à y contrevenir, car il confere le pouvoir législatif, & sans la législation, le Roi ne seroit rien : ce pouvoir doit être réglé par le droit de l'équité & de la raison, qui est le premier des droits ; mais les Rois s'établissent les juges de la raison, & de la convenance, & en conséquence changent les Loix, toujours sous prétexte de l'intérêt public, mais plus souvent pour celui des Souverains ou de ceux qu'ils écoutent.

Le laps de temps a canonisé l'autorité Monarchique, telle que nous la voyons exercée dans la plupart des Souverainetés du Monde ; la prescription, sans laquelle tout ne seroit que disputes & confusion, y a mis le dernier sceau : ainsi n'examinons plus l'autorité souveraine d'après ses premiers principes, respectons ce que nos peres ont respecté.

L'autorité Monarchique, pour être utile

aux hommes, doit être éclairée, mais non partagée : les Monarques le favent fi bien, que jufqu'à ce que leur autorité ait renverfé tous les obftacles & toutes ces contradictions, ils ne s'occupent que de l'établir, & ne font pas encore confifter leur gloire à faire le bonheur de leurs fujets, mais feulement à les affujettir pleinement : enfin arrive l'inftant heureux où l'autorité peut fe laiffer balancer par le confeil & par la raifon, fe faire aider par des arrangemens conformes à l'inté-rêt des Peuples, reconnu & fuivi par les Peuples mêmes, réglé & autorifé par la puiffance publique.

Le Gouvernement féodal, fi fort réclamé par M. de Boulainvilliers, & auquel il attribue toute la grandeur de Charlema-gne, étoit-il conforme à ce dernier état de l'autorité Monarchique? Non : dans ce fyftême bizarre de Gouvernement, la plus grande autorité fur la Nation étoit entre les mains d'un certain nombre de prin-cipaux ufurpateurs qui avoient fous eux d'autres ufurpateurs fubalternes. Le degré & la qualité de ces ufurpations varioient à tout moment ; & comme chacun travaille mieux fur un petit objet que fur un grand, nos Rois avoient bien moins de pouvoir fur leurs grands vaffaux, qui fe moquoient fouvent de la majefté du Trône, que les petits Seigneurs n'en avoient fur leur payfans & même fur leur petits feudataires ; ils en violoient les femmes, & prenoient leurs héritages impunément ; & c'eft d'une fource fi impure que réfulte ces droits de fiefs fi bizarres, qu'admirent encore nos ftudieux Féodiftes. Le droit féodal, dans fon origine, étoit précifément la loi du plus fort ; rien de limité, rien d'uniforme ; il n'avoit aucun des avantages qui pourroient le faire regretter, fi ce n'eft à des gens enthoufiafmés de leur dignité de Noble jufqu'à la folie.

Pourquoi, parmi tant de Philofophes Grecs qui ont écrit fur la Politique pour l'approfondir, aucun ne s'eft-il avifé de propofer un fyftême de Gouvernement, confiftant dans l'autorité d'un certain nombre de Seigneurs fubordonnés les uns aux autres par le droit de leur naiffance & par la poffeffion de certaines terres ?

Ces Philofophes, ces premiers inventeurs des Loix, dans des temps où la vertu étoit en honneur, & chez des Nations fi célebres par leur politique & par leurs exploits, ont toujours dit au contraire, que, pour le bonheur d'un Etat, il falloit maintenir l'égalité entre Citoyens autant qu'il se pouvoit.

Lycurgue commença sa législation en partageant également les terres entre chaque habitant, afin qu'elles fussent mieux cultivées, & que l'émulation se tournât plutôt à la vertu qu'à l'opulence.

La différence des talens en mettra toujours assez dans les fortunes ; il y aura même de ces inégalités qui seront vicieuses ; mais il est faux de dire qu'il soit à propos qu'il y en ait, & ce n'est pas la seule occasion où les raisonnemens confondent le droit avec le fait, & prennent l'effet pour la cause. Il y a des abus qu'on ne peut prévenir ni arrêter ; mais en général, quoiqu'on ne puisse jamais parvenir à la perfection, par une suite de la foiblesse de l'humanité, on y tend du moins & l'on en approche autant qu'il se peut : il seroit à souhaiter pour l'Etat qu'il ne passât aux enfans des hommes distingués, que ce qu'il leur faut justement pour les mettre en état de se distinguer à leur tour, non par les œuvres d'autrui, mais par les leurs. Toute grandeur, toute fortune innée, est vicieuse pour l'homme qui s'en contente & s'y livre mal à propos : il doit y trouver la perte de ses talens & de ses vertus perfonnelles, & une fource éternelle d'ennuis.

Les récompenfes font dues aux actions, & les places à la capacité ; voilà fans difficulté ce que difent la raifon & la juftice. Le pouvoir qu'on reçoit avec la naiffance, ne fe peut fupporter que dans la perfonne du Souverain ; c'eft dans ce cas privilégié feul, que le droit fucceffif héréditaire eft avantageux à une Nation. Il y auroit trop d'inconvéniens à laiffer le droit de commander fouverainement aux hommes, à le laiffer tomber dans le commerce ou l'abandonner à l'arbitrage intéreffé de gens qui en jugeroient plutôt d'après leur intérêt perfonnel que conformément à celui de l'Etat, & qui fouvent même jugent mal du leur. Le droit fucceffif des Couronnes eft une méthode adoptée univerfellement, pour éviter les horribles inconvéniens du droit d'élection. Comme alors il faut qu'une Nation entiere fe choififfe un maître, qu'elle n'en a point encore, que chaque Electeur peut ufer librement de fon droit, & que s'ils font partagés, perfonne ne feroit en droit de les accorder, cette Nation ne pourroit guere éviter de tomber dans la crife la plus fâcheufe. Il faut donc bien qu'elle convienne de quel-

que

que moyen de se concilier, qu'elle se donne, pour ainsi dire, un mot de ralliement. C'est ainsi que, pour l'élection d'un Roi de Perse, on convint d'obéir à celui dont le cheval feroit le premier hennissement : de même, & pas autrement, s'est-on donné pour maître celui qui naîtroit le premier d'un tel homme ou d'une telle femme, ou qui seroit son plus proche parent.

Mais il est à désirer que le droit héréditaire se borne aux Couronnes, en fait de commandement sur les hommes ; que toute place inférieure soit assujettie au choix du Souverain, ou à une élection faite sous sa protection, en vertu des regles prescrites par l'autorité publique, & qu'elle puisse faire observer que le pouvoir ne dépende point de la naissance ; car les hommes subordonnés aux autres n'ont pas besoin d'éprouver, pour chaque place qui entraîne quelque autorité, les inconvéniens attachés à l'imbécillité de l'enfance, à la fougue de l'adolescence, à la decrépitude de la vieillesse, & à l'ignorance habituelle, résultante d'une supériorité ordonnée sans choix, & conférée sans examen.

Dès que l'Etat est pourvu d'un Roi, c'est à lui à pourvoir son Royaume d'hommes

I

capables de le seconder ; par conséquent tout pouvoir inné sous un Roi vicieux, est réprobable.

Dans les Républiques, comme dans les Monarchies, la puissance publique est une : tous les suffrages doivent se réunir à un centre d'où partent les autres pouvoirs subordonnés.

Cependant les partisans du Gouvernement féodal ont vanté avec emphase la belle chose que c'étoit de voir un Roi commander une armée de Rois. Effectivement les grands Vassaux s'étoient faits Souverains, & ceux-ci en avoient d'autres sous eux jusqu'à l'infini.

Ce n'étoit que confusion & barbarie de toute part ; la violence est une suite de l'Anarchie : on en vint bientôt à se faire la guerre ouvertement de fiefs à fiefs, & on forma un droit légitime des guerres privées.

Les duels d'homme à homme furent aussi mis en régle ; on les rangea au nombre des droits de la Noblesse. M. de Boulainvilliers a cru devoir, en brave Gentilhomme, regretter les guerres privées ; peu s'en faut qu'il ne se récrie contre la Loi qui a aboli les duels.

Le grand avantage, dit-on, du Gou-

vernement féodal, étoit la facilité qu'a-
voient nos Rois de lever de grandes armées, & de les faire subsister sans charger
les Peuples d'impôts : les premiers vassaux
amenoient leurs sujets, & obligeoient les
arrieres-vassaux à conduire les leurs.

Tous les Auteurs ont assez parlé de cette
milice brave à la vérité, selon le naturel
de notre Nation, peut-être même plus
vigoureuse qu'aujourd'hui, dans ce temps
où la Nature étoit plus neuve, & moins
corrompue par la mollesse.

Mais les Peuples n'en étoient que plus
chargés, par le tort qu'une violence auto-
risée faisoit aux terres & aux habitans qui
n'avoient aucun appui où ils pussent recourir.

Ces armées étoient sans discipline, &
il n'étoit pas possible de l'y introduire ;
nos voisins n'étoient pas plus policés que
nous. Ces troupes arrivoient tard, & se
séparoient de bonne heure : on sait que,
suivant l'usage des fiefs, les vassaux n'é-
toient obligés qu'à quarante jours de service.

Les malheureux feudataires ne savoient
comment se conduire, en vertu de cette
prétendue subordination des fiefs les uns
aux autres. L'arriere - vassal répondoit,

pour ainſi dire, de la félonie de ſon Seigneur immédiat : de quelque côté qu'il ſe tournât alors, il tomboit toujours en commiſe, ſoit à l'égard du Suzerain premier, & dont il ne dépendoit que médiatement, ſoit à l'égard du ſecond Seigneur, de qui il relevoit directement. On ne finiroit point ſur les inconvéniens d'un tel Gouvernement. La meilleure preuve qu'il n'étoit pas ſoutenable, c'eſt que l'on y a renoncé, qu'aucune Nation ne s'y conforme plus, que ſi on en a conſervé quelques traces, on a lieu de s'en repentir, & que nous ne verrons certainement jamais renaître une forme d'adminiſtration auſſi vicieuſe.

CHAPITRE V.

Progrès de la Démocratie en France, felon notre Hiftoire.

ARTICLE PREMIER.

Commencement de la Monarchie.

ON ne fauroit attribuer ni avancement ni décadence aux travaux intérieurs d'une Nation barbare ; la guerre, la chaffe, le fimple néceffaire de la vie firent toute l'occupation des premiers Gaulois & de nos premiers Francs ; la guerre fur-tout a occupé tous les temps de la premiere Race : guerres étrangeres contre nos voi-fins ; les frontieres avancées plus ou moins, fuivant l'habileté ou le bonheur de nos Rois ; guerres civiles caufées par les par-tages continuels de la Monarchie entre plufieurs freres ; des actions féroces, peu de Rois légiflateurs, voilà tout ce que nous préfente notre Hiftoire jufques à l'extinction de la Race des Mérovingiens.

Article II.

Seconde Race.

La seconde Race, plus courte en durée, eut à peu près les mêmes mœurs : il falloit une consistance de paix, & même une étendue solide à la Monarchie, pour former l'esprit de notre Gouvernement.

Les Nobles s'éleverent sous des Rois foibles & fainéans, & formerent le Gouvernement féodal dont j'ai parlé ; bientôt tout ce qui n'étoit pas du Corps de la Noblesse, devint son esclave.

Cependant, si l'on compare ces temps si malheureux d'esclavage avec notre âge si poli & si orné par la raison & les Arts, peut-être y trouvera-t-on encore plus de liberté qu'aujourd'hui parmi le Peuple : on n'avoit pas raffiné sur tous les moyens de lever des tributs ; on n'opposoit pas l'habitant à l'habitant, pour envahir le fruit de son labeur, non à proportion de son profit, mais par une espece d'envie, & par un prompt surcroît de taxes qui engage le malheureux qu'on veut surcharger, à afficher l'indigence & la malpropreté.

On n'avoit pas multiplié les Loix qui

gênent les possesseurs dans la disposition de leurs biens. On n'étoit pas accablé par la chicane ; les Villes n'étoient pas inondées de privilégiés & de tyrans redoutables par leur crédit. La violence faisoit quelques maux passagers ; mais une subtile dureté de cœur n'engendroit pas encore les vices ; le luxe étoit mal entendu, mais moins étendu ; les Particuliers le connoissoient peu, & se passoient de peu.

A R T I C L E III.

Troisieme Race ; LOUIS LE GROS & LOUIS LE JEUNE.

L'amour des Sciences & des Arts augmenta insensiblement parmi les François, sous la troisieme Race. Louis le Gros, & Louis le Jeune son fils, dans des circonstances favorables à cette entreprise, rendirent la liberté au Peuple par des Loix d'affranchissement, de paix & de liberté, qui eurent de grands succès : on devint enfin le maître de choisir la profession que l'on voulut.

Avant cela, il n'y avoit de libres que les gens d'épée & d'église : les habitans des Villes, Bourgades & Villages étoient plus ou moins esclaves.

Alors les Villes n'étoient pas pavées; il n'y habitoit que des Prêtres & des ouvriers; tous les Nobles vivoient dans leurs terres.

Il y avoit des *ferfs*, & des hommes *de Poëtes* (*) ; les ferfs étoient attachés à la glebe ; on les vendoit avec le fonds : ils ne pouvoient s'établir ailleurs, fe marier, ni changer de profeffion, fans la permiffion de leur Seigneur : ce qu'ils gagnoient étoit pour lui ; & fi le Seigneur fouffroit que le ferf défrichât quelque nouvelle terre, ce dernier lui rendoit une partie du profit, fuivant la convention qui fe faifoit auparavant.

Les hommes de Poëtes dépendoient moins ; leurs Seigneurs n'étoient point maîtres de leurs vies ni de leurs biens, mais ils leur payoient certains droits, & étoient obligés à des corvées.

Les uns ni les autres ne faifoient point corps de communauté, la Nobleffe s'y oppofoit toujours ; ils n'avoient ni Juges ni Loix, le Seigneur du lieu étoit la Loi & le Juge.

L'image de tous ces droits eft encore dans le Royaume Ce qui nous retrace cet

____

(*) Ainfi nommés du mot latin *poteftas*, puiffance, parce qu'ils étoient fous celle des Seigneurs.

antique efclavage, eft à la vérité à préfent fort éloigné de l'ancienne rigueur : il peut cependant encore nous apprendre comment la tyrannie s'eft approprié les hommes, fous prétexte de les gouverner.

Qui eût ofé, à l'avénement de Hugues Capet au trône, avancer que ces droits étoient déraifonnables, qu'ils faifoient tort au corps de l'Etat, qu'ils l'affoibliffoient, qu'il étoit fouhaitable de les abolir ? Qui eût annoncé que tôt ou tard les progrès de la raifon humaine tendroient à ramener les Citoyens vers l'égalité ? Que de cris contre un tel Prophete ! La Nobleffe ne l'auroit-elle pas traité d'ennemi de la Patrie ? Mais ce qui étonne, ce qui fcandalife le plus dans un temps, fe voit enfin canonifé dans un autre ; & c'eft l'abus effacé, qui devient alors incroyable. Ceci foit dit pour nos efpérances, & à l'honneur de notre Siecle ; mais à fa honte, voyons auffi fi nous n'avons pas encore des principes de notre temps qui feront l'étonnement de nos neveux.

Les premieres lueurs de la réforme de nos vieux principes, furent le fruit des Croifades; oui, ce fut alors que commença le retour à l'égalité & à la juftice : l'ordre & la fageffe reparurent, non par l'effet d'un fyftême fuivi, mais de fait & par hafard. Les grands Seigneurs, épuifés par la dépenfe de ces dévotes folies, ainfi que par celles des tournois & des Cours plénieres, fentirent le befoin d'argent. Louis VII leur procura les moyens d'en avoir, & ce moyen fut d'accorder aux Villes & aux Bourgs la faculté de fe racheter pour de l'argent.

On ne dira pas que ce fut par un grand trait de politique, que ce Prince fit faire ce pas à la Démocratie fur l'Ariftocratie; mais la Monarchie opéra ce qui lui étoit bon, fans l'avoir réduit en principe, parce que la juftice l'emporte tôt ou tard, qu'elle procure enfin le véritable intérêt des hommes, & que leurs propres paffions les y ramenent : l'on verra en effet quels fuccès fuivirent cet affranchiffement, tant pour l'autorité royale, que pour la richeffe de l'Etat. La dépendance des perfonnes ceffa donc, & les droits qui tomboient fur les hommes, fe leverent fur les maifons & fur les fonds.

L'affranchiffement ne fut pas d'abord univerfel ; mais en peu d'années, difent nos Hiftoriens, le bon effet s'en fit fentir, tant pour les anciens maîtres que pour les affranchis : tous fe racheterent, & on fe mit à cultiver les terres avec un efprit de propriété qui répandit dans le Royaume une abondance inconnue auparavant ; ainfi les Seigneurs y gagnerent des fonds & des revenus.

Peu à peu les Villes & les Bourgs acheterent le privilége de fe choifir un Maire & des Echevins ; & c'eft-là l'époque de la premiere police dans les Villes de France.

Cette permiffion d'avoir échevinage, étoit confirmée par le Roi ; on ne manquoit pas de lui demander fon attache, quand on étoit bien confeillé, afin d'en jouir avec plus de folidité ; autrement il y auroit eu des grands Seigneurs qui l'auroient revendue plufieurs fois.

Le Peuple, devenu tout-à-fait libre, demanda des Loix ; chaque Seigneur en établit, chaque Communauté, plus ou moins affranchie, s'en donna à elle-même ; de là nous vient cette multitude de Coutumes dans le Royaume.

Les nouveaux affranchis, pour s'égaler aux Eccléfiaftiques & aux Nobles, voulurent auffi être jugés par leurs Pairs ; on leur en accorda de la même condition que les jufticiables ; ils fe qualifierent de Pairs bourgeois.

Les Hiftoriens des XIII & XIVᵉ. fiecles

font des defcriptions touchantes des avantages qui réfulterent de ces changemens : les Villages, difent-ils, fe multiplierent ; on ne vit plus de terres incultes ; le Payfan, devenu maître de fon induftrie, fe rendit Fermier des terres que fon Seigneur négligeoit auparavant ; il prit à cens ou à champart celles qu'il avoit ci-devant cultivées comme efclave ; les Villes devinrent plus peuplées ; les habitans s'adonnerent aux Arts & au Commerce. Jufque là les François s'étoient peu mêlés de négoce ; tout fe faifoit par les Etrangers, qui enlevoient ce qu'il y avoit d'or dans le Royaume, & y apportoient quelques bagatelles curieufes pour ces temps-là.

On fe mit à réfléchir fur fes intérêts (les réflexions ne font de faifon que lorfqu'on eft en liberté d'agir en conféquence). On s'adonna à la navigation & au commerce, & on commença à fabriquer en France ce qui étoit le plus à portée de nos befoins : on vit un Jacques Cœur, fous Charles VII, poufler l'habileté & le fuccès dans le commerce, auffi loin qu'aucun Commerçant étranger à la France eût encore fait : les François vont rapidement dans tout ce qu'ils entreprennent ; ils n'ont à craindre que le relâchement qui suit les grands succès, non par un véritable découragement, mais par lassitude de leurs propres idées.

M. de Boulainvilliers a fait une peinture toute différente des suites qu'eut l'affranchissement des serfs ; il intitule cet article : *Désordre que causa l'affranchissement des serfs*, &, dans le détail, l'on ne trouve cependant d'autre désastre que la diminution du crédit des Nobles, la résistance des Habitans à leurs Seigneurs, quelques procès que des Roturiers *oserent* intenter à des Nobles, le recours qu'ils eurent *insolemment* au trône, & par-là l'intervention des Rois dans les affaires entre les Nobles & les Paysans ; désordre, dit-il, qui est parvenu à l'excès où nous le voyons & où nous le ressentons.

Ce qu'il y a de plus juste & de plus nécessaire, paroît injuste à des yeux prévenus ; d'un autre côté, tous nos Historiens, qui n'ont pas les mêmes raisons de se prévenir, font de longues énumérations des progrès & des avantages du Gouvernement populaire en France; & je vais en copier ici quelques ttaits, qui peut-être ne font pas assez généralement connus, ni assez remarqués.

Par l'effet de la liberté rendue aux Peuples, les Villes s'enrichirent, & devinrent bientôt si puissantes, que, pour les faire contribuer avec moins de répugnance aux dépenses de l'Etat, on commença à les appeler par députés aux assemblées générales : voilà l'origine du *Tiers Etat*, qui certainement n'avoit pas été connu jusqu'alors dans les délibérations nationales.

En 1304, les Députés des Villes y entrerent pour la premiere fois, & ce ne fut que pour représenter leurs besoins & la modicité de leurs facultés ; on n'y eut que médiocrement égard, & ce premier honneur couta cher aux Peuples ; car dès qu'ils eurent à capituler pour payer moins, on les força à contribuer ; on admit plus ou moins de Députés, afin de convenir des sommes que les Villes & les Communautés feroient tenues d'avancer pour subvenir aux nécessités publiques. Une admission, ainsi répétée, devint ordinaire, & enfin de droit indispensable ; & voilà bien de quoi faire crier M. de Boulainvilliers sur l'insolence qu'eurent alors les Roturiers de concourir avec les Seigneurs aux plus grandes délibérations, & de ce qu'ils ne se contenterent pas d'y contribuer de leur argent, sans oser ni raisonner ni représenter.

Bientôt après, il n'y eut plus d'Etats-Généraux du Royaume sans le Tiers-Etat ; & par la suite les Députés étant très-nombreux, & faisant les plus grands frais, ils eurent autant de pouvoir que ceux du Clergé & de la Noblesse ; ces Ordres ayant admis le troisieme à avoir voix délibérative tout comme eux, pourvu qu'il payât bien davantage. C'est pourtant à cette admission que commença la chute de la Noblesse & du pouvoir féodal en France : l'accroissement de l'autorité de nos Rois a fait le reste ; ce qui nous prouve, quoi qu'on en dise, que la Démocratie est autant amie de la Monarchie, que l'Aristocratie en est l'ennemie.

La prospérité du Peuple enrichit le Monarque, mais il a toujours fallu à la Noblesse quelque grande cause de ruine, pour la porter à céder à l'autorité royale & au bien commun du Royaume.

ARTICLE IV.

CHARLES VII.

Ce qui commença à résulter, comme nous l'avons dit, des Croisades, des affranchissemens des Communes, & des contributions & établissemens des Peuples, s'acheva sous Charles VII. Les guerres des Anglois continuerent à procurer l'abais-sement de la Noblesse.

On sait que ces malheureuses guerres civiles mirent le Royaume à deux doigts de sa perte. Charles VII eut bien de la peine à recouvrer sa couronne, & à se soutenir dans le commencement de son regne ; mais il arrive toujours que de pareilles difficultés surmontées, rendent ensuite la condition du Prince meilleure qu'elle n'étoit avant l'orage.

Un Roi est considéré comme l'heureux conquérant de son Royaume, quand il a terminé une révolte générale.

Aussi Charles VII devint-il plus absolu que Charles V, son aïeul, quand il eut enfin chassé les Anglois & les Bourgui-gnons.

Il arriva alors que le Clergé & la No-blesse, également ruinés, lui laisserent, sans résistance, changer tout ce qu'il vou-lut aux plus anciens usages de la Monar-chie.

Il abolit les Cours plénieres, qui rui-noient également le Fisc & la Noblesse, mais qui, rassemblant les Seigneurs tous les ans, les rendoient plus puissans dans les affaires de l'Etat, & plus autorisés

dans

dans leurs terres, quand ils y retournoient; prefque plus de tournois, qui rappeloient les guerres privées. Cependant les Cours de nos Rois ont encore confervé un des inconvéniens des anciennes ; on s'empreffe de s'y rendre, & on s'y ruine, dans l'efpoir, quelquefois trompeur, de s'y accréditer.

Les Miniftres de Charles VII profiterent de l'accablement général, & fous le ·beau prétexte de le réparer, ils changerent tout l'ordre des finances, de la guerre & de la juftice ; ils firent dépendre tout du Roi, & ôterent à la Nobleffe l'ufage de cent priviléges attribués à leurs titres : l'autorité royale trouva bien mieux fon compte avec les Roturiers, dit Mézerai.

On devroit dire que c'eft bien plutôt la fin du regne de Charles VII qui a mis nos Rois hors de page, que celui de Louis XI. Celui-ci profita plus de l'effet de cette époque, qu'il ne l'a opéré lui-même.

Article V.

Louis XI.

Louis XI alla brufquement à la fource des réfiftances qu'il éprouvoit. Il eut à faire à des Seigneurs trop puissans pour ne pas travailler à s'en garantir. Les apanages des Princes du Sang approchoient plus alors du droit de souveraineté, que d'une simple possession domaniale & honorifique comme ils sont aujourd'hui. Leur donner la Normandie ou la Guienne, c'étoit faire revivre, au milieu de la Monarchie, autant de Souverainetés plus dangereuses que celles qu'on avoit éteintes depuis trois siecles. Par l'effet de sa capacité personnelle, plutôt que par aucun conseil, Louis XI surmonta ses Rivaux avec une adresse condamnable dans ses moyens, peut-être même dans son objet pour un Roi François ; mais il avoit formé le dessein de régner arbitrairement, & enfin il en vint à bout.

Article VI.

Charles *VIII*, Louis *XII*, François *I*, Henri *II*.

Sous les quatre regnes qui suivirent, les guerres d'Italie & leurs suites épuiserent le Royaume d'hommes & d'argent.

Louis XII marqua plus sa bonne volonté à ses sujets, qu'il ne la rendit efficace pour leur bonheur.

L'autorité royale avoit fort étendu ses bornes ; mais elle tenoit encore du moins à quelques formes extérieures de liberté, qui achevent aujourd'hui d'expirer, & dont peut-être l'extinction totale n'est pas destinée à nous faire grand bien ni grand mal. Si les Etats-Généraux n'étoient qu'un simulacre & une forme vaine, à quoi bon les regretter ? S'ils étoient vraiment utiles, espérons mieux du désir de bien régner, & du progrès des mœurs & de la raison. Une simple consolation suppose des maux ; la Patrie demande des bienfaits. Les derniers Etats-Généraux sont de 1614 & 1615 ; il y a eu depuis quelques assemblées de Notables. On tenoit toujours ces Etats Généraux dans les grandes occasions, & on n'en a plus vu depuis environ cent ans. A ces assemblées augustes a succédé l'aigreur importune des Parlemens, composés de Magistrats qui apprennent aux Peuples qu'ils sont esclaves, sans pouvoir diminuer en rien le poids de leurs chaînes.

Le résultat de ces contradictions insuffisantes a été une maniere de lever les subsides, la plus fâcheuse qu'on puisse imaginer. On négocie en finance comme en politique, avec des gens qui se chargent

de vexer les Peuples, au nom du Roi, de
la maniere la plus lucrative, & qui en
même temps faſſe le moins crier. Les arti-
ſans de cette manœuvre étoient connus,
pendant le dernier ſiecle, ſous les noms
odieux de Traitans, Maltòtiers ou Don-
neurs d'avis ; aujourd'hui cela s'appelle des
Financiers. Ils ont compoſé une eſpece de
nouvel Ordre dans le Royaume, avec un
ſavoir fort étendu, & malheureuſement
trop écouté dans l'Adminiſtration intérieure. On prétend que nos premiers
Financiers ſont venus d'Italie. Le voyage
de Charles VIII, les autres guerres d'Italie, & ſur-tout Catherine de Médicis,
remplirent le Gouvernement François d'I-
taliens, dont on a pris la ſoupleſſe & la
pernicieuſe politique pour habileté.

Les premiers Traitans furent regardés
du Peuple comme de faux & mauvais
Chrétiens : on croyoit qu'il n'y avoit que
des Juifs capables de faire un pareil métier:
depuis on s'eſt ſi bien accoutumé aux Financiers, qu'on regarde leur état comme
devenu preſque honorable à force d'être
lucratif.

Article VII.

Vénalité des Charges.

Le premier fruit de cet art financier, jusque-là inconnu, fut la vénalité des Offices que l'on commença à mettre en regle sous François I.

Il est étonnant que l'on ait accordé une approbation générale au Livre intitulé *le Testament Politique du Cardinal de Richelieu*, ouvrage de quelque mauvais Commis, & indigne du grand génie auquel on l'attribue, ne fût-ce que pour le Chapitre où il canonise la vénalité des Charges ; invention odieuse, qui a produit tout le mal qui est à redresser aujourd'hui, & par où les moyens en sont devenus si pénibles.

La vénalité des Offices a empêché cet heureux progrès de la Démocratie, que nous venons d'admirer sous les regnes qui ont été exempts des guerres civiles.

En s'étendant depuis François I jusqu'à présent, semblable à un principe de corruption qui infecte la masse du sang, elle a détruit en France toute idée du Gouvernement populaire.

L'autorité royale, & la Démocratie qui doit lui être subordonnée, souffrent également de la vénalité des Charges ; ce qui prouve que ces deux pivots de tout bon Gouvernement doivent être d'accord, & ont une communauté d'intérêts.

Le Roi a aliéné pour toujours la plus belle de ses prérogatives, qui est le choix de ses Officiers, & même le pouvoir qu'il leur communique.

L'hérédité transmet des peres aux enfans ce pouvoir, & cette transmission ne tient plus qu'à un agrément difficile à refuser.

L'amovibilité de l'Officier qui ne pousse pas la prévarication jusqu'à la grossiéreté, n'est plus dans la main royale ; il faut lui faire son procès, & que ce procès soit instruit & jugé par la Compagnie dont est l'accusé. L'intérêt de ces Compagnies s'est placé bien plus dans l'indépendance, que dans le zele du bien public.

Par-là peu de fautes sont punies, peu d'abus sont rectifiés, quoique les délits & même les erreurs de ceux qui doivent l'exemple, soient des crimes par leur conséquence pour la Société.

Par-là on voit de tous côtés négligence & infidélité dans la chose publique ; en un mot, tous les mauvais effets qui suivent une propriété mal acquise dans l'origine & dans l'institution.

Voilà donc encore une forme de Gouvernement inconnue aux Anciens, & qui nous étoit réservée en échange du monstrueux Gouvernement féodal ; celui - ci avoit du moins une source ennoblie par le mérite des premiers auteurs : il se maintenoit par la violence ouverte, qui suppose toujours force & courage ; il se soutenoit par une éducation distinguée entre les autres Citoyens, & il élevoit à l'autorité, des hommes plus ou moins illustres par leur naissance.

Mais la vénalité des Charges a la plus basse de toutes les origines, l'avarice, l'argent, la cupidité. Qu'on se rappelle tout ce que la Morale nous prêche contre le désir insatiable des richesses, & que l'on juge à quel point la vénalité a dû influer sur les mœurs Françoises : ce n'étoit pas assez à l'argent de procurer des commodités infinies, il est devenu presque la seule voie d'acquérir tous les honneurs. La vénalité a commencé par les Charges de finance, puis a passé aux Magistratures de Justice, dont il semble cependant que l'exercice est une espece de sacerdoce aussi respectable & aussi peu propre aux pactes simoniaques , que la jouissance des revenus ecclésiastiques qu'on s'efforce, avec tant de foins, d'exempter de cette tâche ; cet abus a paffé aux fonctions de la Police & de l'Adminiftration ; enfin il s'eft emparé de tout.

Ce progrès fuivi dans un ordre fi peu raifonné, prouve bien que ce font les mauvais confeils, & non la faine politique, qui ont toujours préfidé à l'établiffement de la vénalité.

Qu'on ne nous dife point que l'on exige des acquéreurs la capacité néceffaire pour remplir les Offices dont ils ont traité ; les conditions impofées à leurs provifions & à leur réception font fi légeres, que l'on peut bien être affuré que l'achat eft leur premier & principal titre, & celui auquel rien ne peut fuppléer ; & la preuve, c'eft que ce Magiftrat, fi difficile à évincer lorfqu'il ne fait que négliger fes devoirs, eft forcé d'abandonner fon Office s'il ne peut le payer.

On a mis en principe, que le Roi ne pouvoit aliéner la moindre partie de fon domaine foncier. L'aliénation de la puiffance publique eft - elle donc moindre ? Mais on eft embarraffé à attaquer & à détruire cet abus, qui a des fondemens peut-être plus folides que l'ufurpation forcée, car on y a intéreffé la conftitution du Royaume & les droits de la Juſtice.

Comment, nous dira-t-on, rembourſer cette multitude d'Offices ? & n'eſt-il
pas juſte de rendre les ſommes que le
Roi a touchées ? Sans doute ; mais il eſt
poſſible de ſéparer le prix de l'Office, du
titre & des fonctions de l'Officier, & de
continuer d'en payer la rente : qu'elle
ſoit héréditaire, tranſmiſſible, vendable,
effet de commerce ; mais que l'Europe entiere ne puiſſe plus reprocher à la France,
que le droit d'exercer l'autorité publique,
celui de rendre la juſtice & de veiller à la
bonne adminiſtration, y eſt vénal & com-
merçable.

Duſſiez-vous, pour rembourſer ces
finances, aliéner des terres domaniales,
qui ſeroient mieux ſoignées par des propriétaires aſſurés de leur poſſeſſion, que
par des Fermiers généraux ou par des
Engagiſtes, qui craignent ſans ceſſe qu'on
ne la leur redemande. Le Roi & la
Nation gagneroient encore beaucoup à
la ſuppreſſion de la vénalité & de l'hérédité des Offices, & de l'indigne trafic des
parties caſuelles, que j'oſe dire être à la
honte du Gouvernement François.

A R T I C L E VIII.

Les Enfans d'HENRI II, & HENRI IV.

Après les guerres d'Italie vinrent en France les guerres civiles de Religion. Il est à remarquer que pendant les guerres étrangeres, il n'arrive de changement au Gouvernement, que ceux qui sont inspirés par le besoin d'argent ; au contraire, l'autorité royale y gagne, elle paroît alors plus souveraine : pendant les guerres civiles, au contraire, l'autorité plie, mais l'Etat s'épuise moins ; on en sort ordinairement par quelque changement ou altération dans le Gouvernement ; quelquefois elle est favorable au systême Monarchique, quelquefois au Républicain.

Un regne à jamais mémorable termina en France les troubles du seizieme siecle ; ce fut celui d'Henri IV. Les bonnes intentions connues, & l'activité de ce Prince & de son Conseil, furent telles, que les mauvaises dispositions des Peuples pour l'autorité royale, se changerent. Sans déraciner l'héréfie par violence, on la calma, on endormit la voix sinistre du fanatisme des deux Religions. La France en imposa au reste de l'Europe ; & sans

renverfer la forme de l'adminiſtration intérieure, quelque imparfaite qu'elle fût
alors, on ramena promptement dans le
Royaume l'ordre & l'abondance ; tant
chaque meſure du miniſtere de Sully pa-
roiſſoit juſte & droite. Que n'eût pas
produit un tel regne dans des temps plus
heureux, par exemple aujourd'hui, & dans
un Gouvernement mieux conſtitué ?

L'Abbé de Marolles a fait des Mémoires
où il dépeint naïvement le temps de ſon
jeune âge. En liſant l'endroit que je vais
citer, on croira entendre parler l'âge
d'or ; & il eſt vrai que, s'il a jamais exiſté
en France, c'eſt ſur la fin du regne
d'Henri IV.

» L'idée qui me reſte de ces temps-là,
» me donne de la joie. Je revois en eſprit
» la beauté des campagnes d'alors. Il me
» ſemble qu'elles étoient plus fertiles
» qu'elles ne l'ont été depuis, que les
» prairies étoient plus verdoyantes qu'elles
» ne ſont à préſent, que nos arbres avoient
» plus de fruits. Il n'y avoit rien de ſi
» doux que d'entendre le ramage des oi-
» ſeaux, le mugiſſement des bœufs, & les
» chanſons des Bergers. Le bétail étoit
» mené ſûrement aux champs, & les La-
» boureurs verſoient les guérets, pour y

» jeter du blé que les leveurs de tailles
» & les gens de guerre n'avoient point
» ravagé. Ils avoient leurs meubles &
» leurs provifions néceffaires ; ils cou-
» choient dans leur lit ; on voyoit par-
» tout une propreté bienféante. L'éloi-
» gnement du grand monde n'abattoit
» point le cœur, & ne rendoit point la
» Nobleffe plus groffiere. On entendoit
» des concerts de mufettes, de flûtes &
» de hautbois ; la danfe ruftique duroit
» jufqu'au foir ; on ne fe plaignoit point,
» comme aujourd'hui, des impofitions ex-
» ceffives ; chacun payoit fa taxe avec
» gaieté. Telle étoit la fin du regne du
» bon Roi Henri IV, qui fut auffi la fin
» de beaucoup de biens & le commence-
» ment d'une infinité de maux, quand une
» Furie ôta la vie à ce grand Prince «.

A R T I C L E IX.

L O U I S XIII.

Mais la France retomba bientôt, fous
la minorité perpétuée de Louis XIII, dans
les troubles de l'Ariftocratie & de la Monarchie mal entendue. On prétendit vain-
cre l'héréfie par la force ouverte : les Hérétiques crurent, de leur côté, s'affurer

la liberté de conscience en se révoltant
ouvertement contre le Souverain, & en
se servant des Tyrans politiques qui se
mirent à leur tête, & n'appuyoient leur
révolte que pour la faire durer. L'empire
des Favoris, & l'insatiable avidité des
Grands, épuiserent bientôt l'épargne du
sage Henri, & toutes les ressources des
finances.

Enfin un Ministre mieux choisi que les
Favoris, répara ces désordres ; & si nous
prétendions ici prodiguer ses louanges,
nous puiserions aisément dans l'abondante
source de cette spirituelle Académie qui
le reconnoît pour son Fondateur.

Richelieu travailla au dedans à calmer
les troubles dans leurs causes, & au dehors à abaisser les ennemis de l'équilibre
Européen.

Ce qui calme les maux sans les guérir,
ne s'appelle que palliatif. Les véritables
remedes vont à la racine du mal ; ainsi
on ne doit honorer du beau nom de Paci-
ficateurs, que les génies politiques qui,
comme Richelieu, attaquent les désordres
dans leurs principes. Au dedans, il eut à
rétablir l'autorité Monarchique ébran-
lée & affoiblie ; au dehors, il eut à resti-
tuer à la réputation de notre Couronne

tout ce qui doit lui appartenir par son
poids. Il lui faut attribuer jusqu'à l'honneur de ce que nos Alliés firent pour
ruiner la Maison d'Autriche ; il les y
encouragea.

Richelieu, continuellement occupé de
guerre, eut cependant assez de sagesse
pour ne rien faire de contraire à la bonne
économie ; il soutint principalement le
fardeau des affaires politiques, & laissa à
d'autres Ministres les soins plus doux du
commerce & de l'abondance.

Il est à remarquer ici, que l'excès d'autorité dont jouissoient alors les Gouverneurs des Provinces & des Places frontieres, formoit une maniere de Gouvernement approchant de celui des grands
Vassaux sous Hugues Capet.

La Monarchie, sous certains regnes qui
ne reviennent que trop souvent, oublie ses
devoirs & même ses véritables intérets.
Les mêmes abus renaissent, pour le malheur des Peuples & du Monarque ; usurpation par les gens puissans, partage des
droits régaliens. On vit, sous Louis XIII,
les Gouverneurs maîtriser les Peuples, en
vertu du commandement des troupes qui
leur étoit confié ; ils flattoient la Noblesse
en lui passant la tyrannie dans ses terres ;

ils tiroient de l'argent du Tiers-Etat par crainte de leurs violences, & du Clergé par celle des Hérétiques. Au milieu de ceux-ci, toujours armés, ils étoient chargés de la subsistance des troupes & de leur emploi ; sous ce prétexte, ils s'enrichissoient prodigieusement , & étant maîtres de petites armées , ils l'étoient aussi de leurs Provinces.

Un Lesdiguieres, un d'Espernon, mécontens de la Cour, alloient la faire trembler dans leur gouvernement. Richelieu, par des exemples de sévérité effrayans, mais nécessaires, commença à ménager la destruction de ce genre de tyrannie que le Siecle de Louis XIV a vu tout-à-fait disparoître.

On prétend que le Cardinal de Richelieu avoit les projets de sa politique, tant intérieure qu'extérieure, tout médités & tout prêts quand il arriva au Ministere. Ses vûes pour le dehors, furent principalement d'abaisser la Maison d'Autriche, en lui attirant des ennemis qui montrassent que sa puissance n'étoit que grandeur sans force ; pour le dedans, d'extirper l'hérésie & d'abaisser la Noblesse de France : si cela est vrai, jamais il n'y eut un plus grand génie au monde ; mais convenons

que prefque toujours, dans ces vaftes opérations politiques, le plan ne naît ordinairement que de l'exécution même & à
mefure des fuccès.

Quoi qu'il en foit, il avança beaucoup
tous ces grands deffeins, & fous le regne
fuivant on parcourut la même carriere,
on partit de ces progrès, & l'on alla infiniment plus loin.

A R T I C L E X.

LOUIS XIV.

Il femble que Louis XIV, aidé de Miniftres habiles & hautains, ne foit jamais
forti des vûes de Richelieu ; que même,
après les avoir accomplies, il ait encore
voulu paffer le but ; fécond & peut-être
outré dans les moyens qu'il a employés
pour remplir les vûes de Richelieu fur
tous les objets politiques qu'il pouvoit
fe propofer.

Il faut convenir qu'il a chaffé trop pré-
cipitamment les Huguenots en révoquant
l'Edit de Nantes, & en faifant exécuter
trop violemment cette nouvelle Loi ; d'autres ont affez dit quels maux cela a caufés
à la France.

Il a enlevé l'Efpagne & les Indes Occidentales

dentales à la Maifon d'Autriche, & les ayant fait entrer dans fa Maifon, il a attiré à la France une jaloufie univerfelle, qui fe renouvellera à chaque avantage qu'elle obtiendra de la fortune, & qu'elle ne peut perdre qu'en fe conduifant mal dans fon intérieur, & laiffant fes voifins s'agrandir au dehors, en oubliant l'art de les arrêter avec adreffe & de mettre des obftacles & des entraves à leur ambition.

Louis XIV a ravalé les Grands au point de leur ôter le courage & l'émulation de fe diftinguer. La Nobleffe eft ruinée jufqu'à ne pouvoir plus fubfifter que par des méfalliances & autres démarches qui l'aviliffent. Les Peuples font foumis au point de n'avoir pas la force de connoître où font leurs véritables intérêts ; ils baifent les fers dont ils font enchaînés, ou gémiffent fans faire aucuns efforts pour s'en débarraffer.

Ce qui fauva la France pendant les guerres civiles de la minorité de Louis XIV, appartient à la politique de Richelieu, mort quelques années auparavant. La grande foibleffe de la Monarchie d'Efpagne, & les amis que Richelieu nous avoit laiſſés en Allemagne, empêcherent l'Empereur & le Roi Catholique de profiter de nos diviſions ; nous fîmes la célebre paix de Munſter, tandis que le Parlement de Paris décrétoit Mazarin, & que l'Angleterre étoit agitée de factions tragiques.

Ainſi nos troubles ne furent que paſſagers ; ils ſuſpendirent peu nos avantages au dehors, & ne ruinerent rien au dedans ; l'autorité royale reparut comme un ſoleil qui a écarté les tempêtes.

La couronne fut enfin portée par un Souverain digne en tout de cet auguſte caractere, dès qu'il ſe montra gouvernant par lui-même ; l'obéiſſance de ſes ſujets devint eſclavage ; ils ſe feroient dévoués pour lui, comme ceux du Vieux de la Montagne. La Nation n'eut donc plus à travailler pour elle-même, mais ſeulement pour la gloire du Monarque, & il ne s'agiſſoit que de connoître parfaitement en quoi elle conſiſtoit.

Il diſoit, & tout ſe faiſoit. Il voulut des Arts ; ſon regne devint celui d'Auguſte ; lorſqu'il voulut conquérir, ſes troupes furent celles d'Alexandre : quand il marqua qu'il faiſoit cas de la vertu, il trouva des Joſeph, des Ariſtides, des Emiles, dans les Colbert, les Turenne & les Catinat.

Quand on critiquera son regne, qu'on s'en prenne aux vices de quelques Agens dans l'exécution détaillée, mais qu'on rende justice au plan & aux vûes supérieures.

Au reste, l'idée que Louis XIV même avoit de la gloire, n'étoit pas assez rectifiée par la Philosophie, elle tenoit trop à l'homme & au temps. Quoique ces temps ne soient pas reculés, nous nous trouvons cependant avoir fait depuis de grands progrès en Morale & en Philosophie : quelques revers y ont contribué. On blâme aujourd'hui des desseins qu'on admiroit il y a soixante ans, tel que celui d'exciter l'Angleterre & la Hollande à s'entre-déchirer pour avoir le loisir de conquérir la Flandre sur l'Espagne, ou celui de châtier les Hollandois en les noyant tous.

Sous Louis XIV, notre Gouvernement s'est arrangé sur un nouveau systême, qui est la volonté absolue des Ministres de chaque département ; l'on a abrogé tout ce qui partageoit cette autorité.

Les troupes étant soldées par le Trésor royal, les Officiers recevant leur caractere & leurs ordres en droiture de la Cour, le pouvoir des Gouverneurs de Provinces est devenu à rien ; ce titre n'est plus qu'un vain nom , & fe réduit à une penfion tirée fur le Tréfor royal. Ainfi la Cour a pris toute la reffemblance de ce que le cœur eft dans le corps humain ; tous les fluides y paffent & y repaffent plufieurs fois, pour aller circuler aux extrémités du corps.

Les Confeils n'ont malheureufement à préfent en France qu'un pouvoir de nom ; il n'y paffe que les plus petits objets de délibération ; tout fe reffent de l'efprit de la Monarchie abfolue & de l'autorité arbitraire : promptitude d'expédition, mais fauffe unanimité dans les Confeils, qui n'eft, à vrai dire, que la volonté d'un feul ; d'ailleurs malheureufement, incertitude continuelle dans les principes, qui font toujours ceux du jour, du moment, pas même ceux du Monarque, mais ceux du Miniftre, qui quelquefois n'en a point.

Le département qui a le plus gagné fous Louis XIV & infiniment depuis, eft celui des Finances. Il n'y a plus, à proprement parler, que deux grands Minifteres en France ; celui des Affaires Etrangeres pour le dehors, & celui des Finances pour le dedans : à celui-ci font réunis les dépenfes de toute efpece, quelque objet qu'elles aient, toute police générale, com-

merce, circulation d'argent, banque, &
toute la fortune des Particuliers ; ainſi
l'hiſtoire des progrès de la Monarchie en
France, depuis M. Colbert, dépend de
l'hiſtoire des Miniſtres de la Finance.

La cauſe de cette ſurprenante attribu-
tion n'eſt pas louable ; on pourroit dire
que le Monarque ne ſonge qu'à avoir de
l'argent, puiſqu'il ne voit le bonheur de
ſes ſujets que par les yeux de ſon grand
Tréſorier, & ce reproche n'eſt malheureuſement que trop fondé.

M. Colbert ſe trouva aſſez grand, pour
ſuffire à la fois à tous les objets de ſon
miniſtere : ſes ſucceſſeurs ont eu beau
donner la même étendue à leurs ſollici-
tudes, ils n'ont pas eu les mêmes talens
pour y pourvoir.

Ses ſoins étoient partagés entre la pro-
digalité & l'économie. Il falloit beaucoup
recouvrer pour beaucoup dépenſer, prévoir tout ce qui pouvoit ſurvenir d'ex-
traordinaire dans les dépenſes à venir, &
améliorer le théatre de tant de ſcenes
oppoſées : il fournit à tout cela, ce qui
doit le ranger au nombre des hommes
du premier ordre.

Par les ſoins de Colbert, on vit s'établir
& ſe perfectionner, en peu de temps, en

France, des Arts qui y étoient auparavant inconnus. Il découvrit aux François leur talent pour les Beaux-Arts, ainſi que pour tout ce qui eſt du reſſort du goût & des graces ; nous y ſurpaſsâmes bientôt les autres Nations : cette ſupériorité nous en eſt reſtée; ce qui prouve bien qu'elle nous étoit acquiſe par la Nature, & qu'il ne s'agiſſoit que de la mettre en valeur. Il encouragea le commerce, il fut le Mécene des Belles-Lettres.

Mais tout cela appartient plutôt à l'honneur & à la gloire d'une Nation, qu'à l'eſſence du Gouvernement dont je traite ici. Tous les gens de goût vantent nos avantages pour la perfection des Arts, & ils ont raiſon ; mais doit-on accorder à cet objet la préférence ſur tant d'autres ? La queſtion ſe réduit à ceci : Faut-il ſonger aux ſculptures & aux dorures d'un edifice, avant que d'en avoir aſſuré la fondation & la charpente ? Tant que nous verrons dans le Royaume tant de miſere & de mendicité, ſoyons aſſurés que le bâtiment n'eſt pas encore ſolide.

Colbert, chargé de lever tant de deniers pour les guerres & pour les bâti-mens, trouva le ſecret de ne choiſir que les moyens de finances les moins onéreux,

& qui décourageoient le moins l'agriculture.

Par-là les richesses apportées du dehors,
l'état de la Cour & la gloire du regne
répandirent dans le Royaume un encouragement qui approche des bienfaits de
la liberté, quoiqu'il ne soit pas si profitable.

Louis XIV vouloit de nouvelles sommes; Colbert mettoit de nouveaux impôts,
& se faisoit haïr de la populace. Les impôts portoient sur la consommation &
sur l'usage des choses de luxe. Il avoit des
principes fixes dont rien ne le faisoit dé-
partir, d'autant que le Roi l'en laissoit le
maître. Sur la fin de son ministere, les
Courtisans persuaderent au Roi que les
impôts faisoient crier, & qu'au contraire
les créations des rentes sur la Ville feroient
plaisir à tout le monde.

Colbert représenta que ces nouvelles
charges accableroient sans ressource le Fisc
& le crédit royal, & que tout l'argent
destiné au commerce s'y absorberoit ; on
lui résista, on le voulut, & ce fut-là l'é-
poque de la misere publique.

Sous ses successeurs on profita du bon
état où il avoit mis le Royaume, pour continuer les mêmes dépenses ; mais on ruina
la France par des moyens nouveaux, &

auffi mal choifis que les fiens étoient
profonds & ménagés.

Les fucceffeurs de Colbert ne cher-
cherent qu'à fournir au Roi les fommes
qu'il voulut, par les voies les plus promptes
& les moins capables de leur attirer des
plaintes.

Entre la paix générale & la mort de
Louis XIV, on alloit peut-être réparer le
chaos des affaires par la fimple économie;
mais le Régent, impatient, & voulant fortir des routes ordinaires, rendit quittes,
avec des papiers de crédit, tous les débiteurs, excepté le Roi. Le fyftême de Law,
mal entendu & mal fuivi, & ce qui a fuccédé, ont tout gâté.

Le meilleur miniftere de ces derniers
temps (celui du Cardinal de Fleury, digne
de faire encore mieux par la vertu qui y
préfidoit), a été celui où l'on a le moins
innové. L'épreuve qu'on a faite à cet égard,
eft fans doute ce qui décrie fi fort toute
innovation en bien comme en mal; mais
pour fe décider là-deffus, il faut confidérer
deux chofes : N'y a-t-il pas encore des
abus à détruire, des maux à prévoir & à
arrêter dans la fource, & n'y a-t-il pas des
moyens à employer pour les prévenir ?

Qu'on faffe remonter cet examen à la

mort de M. Colbert, qu'on parcoure les états de finance, qu'on compare le prix & l'abondance des denrées, qu'on entre dans le détail des fortunes particulieres, qu'on interroge les Anciens fur l'état de la campagne d'alors, & qu'on le rapporte à celui-ci, on fentira fans doute le défaut de cette mauvaife réponfe que l'on fait aux plaintes de la mifere, en difant qu'on a toujours parlé de même. On verra qu'aux richeffes réelles provenantes de la culture & des revenus des terres, ont fuccédé des richeffes fictives & idéales, uniquement fondées fur le produit d'un argent placé entre les mains du Roi, ou entre celles de Particuliers qui n'ont que le Roi & le crédit du Roi pour garans de leurs fortunes ; richeffes de Banquier, qu'une feule banqueroute, qui influe par cafcade d'un débiteur fur l'autre, peut faire dif-paroître. Voilà ce qu'a produit la multi-plicité, prefque inconcevable, des rentes & des emprunts. Les richeffes de la France étoient autrefois entre les mains des Pro-priétaires, elles ont paffé dans celles des Financiers ; elles feront bientôt abandon-nées aux Banquiers, aux rifques attachés à cette efpece de fortune.

On fauroit, par une bonne Hiftoire

des Finances, que je ne voudrois voir compofée qu'en vûe de pure utilité, & non pour fatisfaire une vaine curiofité & une ftupide admiration ; on fauroit, dis-je, à quel point les idées à cet égard ont changé en France.

On y verroit quelles vexations on emploie pour le recouvrement des impofitions, qui pourroient & devroient toujours être également partagées, quoiqu'il y en ait qui femblent inviter à l'injuftice ; on apprendroit par quelle méthode s'impofe la taille arbitraire, tarif des autres impofitions, & qui n'a fouvent d'autre propoition que celle indiquée par la vengeance & l'envie, ou par la facilité qu'il y a de demander davantage à celui qui paye le mieux : on verroit par quelle monftrueufe politique on a joint les fonctions de Magiftrat à celles de Financier fur la tête du Collecteur, & on feroit effrayé de reconnoître que les contributions fur les ennemis fe levent avec plus de douceur & de charité, que le contingent pour le Pere de la Patrie ne s'exige avec humanité.

Enfin on n'ignoreroit aucun des moyens que les Financiers ont employés pour tirer de l'argent du Public par des voies de

ménagement apparent, en préfentant
même des avantages illufoires, mais qui
ne font au fond que des moyens de ruine
fondamentale pour la Nation, tels que
les changemens de monnoie, l'illufion
des billets de crédit, les doubles affi-
gnations, & fur-tout les créations des
Charges & leur vénalité, dont j'ai tant
parlé. Rien n'a été oublié fur ce dernier article, & on fait que l'abus a été porté jufqu'à un tel excès, qu'on pourroit faire des
armées de Confeillers du Roi. On les a
exemptés de différens impôts ; mais le
fardeau ôté de deffus les épaules les plus
fortes, a retombé fur les plus foibles.

L'adminiftration financiere & banquiere
a donc été pouffée à l'extrême, depuis la
mort de M. Colbert ; toutes fonctions,
tout fuffrage ont été ôtés au Peuple.
C'eft, par exemple, un monftre indéfi-
niffable, qu'un Maire & un Echevin vénal
& Officier du Roi. Il doit être l'homme
du Peuple, ou il n'eft rien.

ARTICLE VI.

Difpofitions à étendre la Démocratie en
France.

Malgré tout ce que je viens de dire,
on peut efpérer aujourd'hui, plus que

jamais, la réforme falutaire dont il s'agit.

Graces au Ciel, nos Rois ne font plus ambitieux ni conquérans. L'Europe ne renferme plus que de moindres ambitions comparées à celles qui ont caufé les dernieres révolutions ; les mœurs en général font plus douces. On fe pique de générofité, de bienfaifance, de défintéreffement même, & on préfere la réputation de poffédcr ces vertus, à des qualités qu'on trouvoit autrefois plus brillantes, mais qui étoient plus tumultueufes. Peut-être ne cherche-t-on encore le bien qu'avec foibleffe; mais il fe peut trouver par des voies fi fimples, qu'il fera enfin faifi, & s'accomplira par des moyens lents, mais fuivis. Chacun agit fuivant fes fins, avec plus ou moins d'ardeur & d'habileté. Les fauffes démarches dont on s'étonne, viennent, la plupart du temps, des faux objets dont on ne s'étonne jamais affez; mais, avant de bien faire, il faut être établi dans le pouvoir de faire le bien: nous commençons par nous, & de là nous allons aux autres. Un homme parvenu depuis peu à un rang qui ne fembloit pas lui être deftiné, n'eft occupé que des honneurs dus à ce rang, il en eft étourdi, enivré, il ne jouit pas, il acquiert encore ; avec le temps, il voudra rendre fertile le champ qu'il a eu l'ambition & la fureur de s'approprier.

L'autorité defpotique a occupé ainfi tous les Rois de la Terre. Ils ont contefté entre eux à qui gouverneroit telle Province ; ils ont difputé avec leurs fujets s'ils les gouverneroient avec plus cu moins d'autorité ; ils n'avoient pas encore fongé à les bien gouverner. Mais depuis que l'autorité royale, femblable à un torrent qui inonde les campagnes , après avoir renverfé toutes les barrieres qui s'oppofoient à fon paffage , a rempli fa deftination, elle doit s'occuper de fa véritable gloire, & concevoir la jufte & belle émulation de bien faire.

La France en eft là ; mais qu'on ne croie pas qu'elle y foit depuis long-temps ; peut-être même , en fuppofant que la foif de l'autorité dont nos Rois ont été tourmentés, fût bien affouvie, aurions-nous encore à effuyer quelques regnes inquiets, quelques tentatives de conquêtes ; mais les Souverains commencent à fe familiarifer avec l'idée de laiffer à leurs Peuples quelque ombre de liberté.

Un Monarque qui n'a plus à fonger

qu'à gouverner, gouverne toujours bien, car fon intérêt eft précifément celui de l'Etat ; il ne trouve que là fa gloire & fes plaifirs ; tout ce qui tient à fon amour-propre forme fon bonheur. Il devient bon par convenance, & prefque par né-ceffité.

L'Hiftoire nous offre des traits fingu-liers de vertu chez des Princes barbares & defpotiques ; des Tyrans qui fe font portés avec vigueur au bien comme au mal, des Souverains abfolus qui ont voulu décidément le bien de leurs fujets & l'ont fait, qui ont pratiqué l'exacte juftice, & formé des établiffemens d'une police ad-mirable : c'eft ainfi qu'on fe rappelle avec admiration le nom d'un Empereur de Ma-roc, Jacob Almanzor ; mais faute d'har-monie dans cette efpece de Gouverne-ment, & de douceur dans les mœurs, on y voit fouvent des révolutions fanglántes, des morts violentes faire fuccéder à ces momens heureux des regnes féroces & dé-raifonnables : pourquoi cela? parce que les Grands prennent ombrage de l'autorité abfolue, toutes les fois qu'elle veut fe dé-clarer en faveur du pauvre Peuple, & le fouftraire à la tyrannie de l'Ariftocratie ; alors ils operent des révolutions, ou pour partager l'autorité royale, ou pour régner à leur tour. Le Peuple, qui n'a point ces prétentions, voit ces révolutions fans ofer s'y oppofer, &, accoutumé à ramper, fe profterne devant le nouveau Tyran, fans demander de quel droit il s'eft emparé du trône. Mais en France, où la fucceffion à la couronne eft fi bien établie depuis tant de fiecles, où l'autorité royale eft fi bien reconnue, que rifque le Monarque en foutenant le Peuple contre les Grands ?

Le premier pas contre l'Ariftocratie, a été d'ôter d'entre les mains de la Nobleffe un pouvoir attaché à la poffeffion des grands Fiefs. On a admis enfuite parmi les Officiers Royaux, des gens fans naiffance, concurremment avec la Nobleffe ; on a même quelquefois affecté de préférer les Roturiers aux Nobles, pour tout ce qui participe au Gouvernement. L'idée de l'amovibilité a favorifé ces choix : effectivement un homme de naiffance qui tient à tout ce qu'il y a de grands comme lui, fe dépoffede plus difficilement ; on le corrige avec plus de peine, on lui refufe moins de perpétuer fes places dans fa famille par des furvivances. Cette politique eft affez bien entendue, & pour le Roi, & pour le Peuple. La vénalité des Offices a apporté quelques obftacles au projet de rendre le choix des places de confiance arbitraire. Et ne peut-on pas dire que le remede eft pire que le mal ? Pour courir (pour ainfi dire) après ce qu'on avoit perdu, on a employé une efpece d'efcroquerie. Après avoir vendu les Offices les plus importans, on a cherché à les rendre de vains Titres dans les mains de ceux à qui l'on avoit fait payer chérement le droit de les exercer. On a ôté les fonctions aux Titulaires, on les a attribuées à des Commiffaires qui doublent le perfonnage de l'Officier. Les places du miniftere font reftées du moins fans finance & amovibles, & on leur a fait remplacer le Connétable, l'Amiral, le Grand-Maître & le Surintendant, tous Offices éminens, dont quelques-uns fubfiftent encore en titres d'Offices, & font poffédés par des grands Seigneurs, mais n'ont plus que de vains honneurs fans adminiftration.

Les places d'Intendant de Province font du même genre ; on leur a abandonné tout le pouvoir des Gouverneurs. On envoie pour un temps des Commandans paffagers, tandis que les Gouverneurs en titres ne peuvent remplir aucunes fonctions fans des lettres particulieres

culieres de commandement, ou la permiffion d'aller réfider dans leurs Gouvernemens.

L'autorité, dans les Provinces, eft confiée, fous les Intendans, à des Commiffaires comme eux, Subdélégués, Commiffaires des Guerres, Ingénieurs pour
les chemins, Infpecteurs pour les Manufactures, &c. tous amovibles à volonté.

Les Tréforiers de France ne fe mêlent
plus des chemins & des ponts, quoiqu'ils y foient autorifés par leurs titres
de Voyers ; tout le foin en eft donné
à des Infpecteurs momentanés.

L'adminiftration de la Juftice, fonctions fi lâchement condamnées à la vénalité (à l'exception cependant des Premiers Préfidens & des Procureurs-Géné-
raux des Cours Supérieurs), eft fans ceffe
troublée par des Commiffions du Confeil.
Le Confeil eft exempt de la vénalité,
mais non d'une dépendance fervile de
l'autorité du Miniftere.

Les brevets de retenue, nouvellement
introduits, font une demi-vénalité qui ne
fert qu'à prouver que le Gouvernement,
après s'être éloigné de la plénitude de
l'abus, s'en eft rapproché. On promet
d'éteindre ces brevets, ou d'en diminuer la

somme ; mais on ne fait que de foibles efforts, & encore moins pour rembourser
les charges. Cependant l'on peut dire avec
sûreté, que si le Ministere devient ferme,
attentif, c'est un des objets dont il doit
le plus s'occuper.

Mais, dira-t-on, pour nommer aux
emplois de Judicature, quand ils seront
tous sans finances, rétablira-t-on les Elections, ou en laissera-t-on la collation à des
gens de crédit, qui en feroient eux-mêmes
un commerce dangereux dont il auroit
autant valu que le Roi profitât ?

A cela on peut répondre, que la pire
de toutes les méthodes, pour conférer
des emplois, est celle de les vendre à
l'enchere, soit que le Roi les vende à
l'Officier, ou un Titulaire à un Acheteur.

L'Auteur du Testament Politique du
Cardinal de Richelieu dit que, pendant
les factions de la Ligue, les Guises se
fervirent de leur crédit pour placer leurs
créatures dans tous les postes de l'Etat,
& que par-là ils s'ouvrirent le chemin
aux grands projets qu'ils avoient conçus ;
il cite même sur cela l'autorité de M. de
Sully, à qui il en avoit entendu parler
comme jugeant qu'il valoit encore mieux
laisser subsister la vénalité, que de donner si beau jeu à la faveur.

Mais l'autorité de ce grand Ministre est ici alléguée sans preuves, &
d'ailleurs ce raisonnement est-il sans ré-
plique. Quiconque use de sa faveur pour
se faire des créatures dans un temps de
faction, fera toujours courir à la Nation
de grands risques. Lorsque l'autorité
royale est partagée ou obscurcie, comme
elle l'étoit du temps des Guises, il en
résulte des inconvéniens sans nombre.
Mais, dans le cas cité, il ne s'agit que d'un
abus de crédit passager. Il s'ensuivroit donc
qu'on doit craindre d'accorder beaucoup
d'autorité au Roi même, sous le prétexte
que celui qui partageroit indûment son
autorité, jouiroit de trop de pouvoir. La
conséquence de cette objection ne con-
duiroit à rien moins qu'à l'anarchie,
sous prétexte de précaution pour éviter
la tyrannie.

Je proposerai, dans le Chapitre suivant, des principes & une méthode qui
me semblent les meilleurs pour que les
emplois soient amovibles & sans finance,
& cependant aussi bien remplis qu'ils
peuvent l'être, vu l'inégalité du talent
& du mérite parmi la nombreuse classe
de Citoyens qui peuvent y aspirer.

L'extinction totale de la vénalité feroit

faire certainement un grand pas au bonheur public. Mais cette réforme eft plus ou moins néceffaire, fuivant les différens objets du Gouvernement. Par exemple, le prix des Offices de finance, & où il y a maniement d'argent, n'eft proprement qu'une caution, & au moindre cas de prévarication, on commet à l'exercice, ou l'on vend d'autorité la Charge à un autre.

Mais dans l'adminiftration de la Juftice, la vénalité entraîne la négligence dans l'Officier, & lui infpire même l'idée d'augmenter par l'émolument & par les épices, l'intérêt de fa finance. D'ailleurs, dans l'état préfent des chofes, il n'y a ordinairement nulle proportion du prix à l'Office ; le prix eft fouvent petit pour l'honneur qu'on en reçoit, quelquefois trop foible pour le falaire & pour le revenu, & prefque toujours infuffifant à répondre des fautes graves, ou à purger le Royaume de fripons. Songeons donc que c'eft de tous ces gens revêtus de Charges vénales, que dépendent l'abondance & le commerce. Ce ne feroit pas affez de retrancher de cette partie de l'Adminiftration la propriété & l'hérédité, il feroit néceffaire que les Officiers n'en fuffent plus royaux, mais municipaux & populaires , afin qu'ils puissent agir sous la protection & sous l'autorité du Roi, pour les intérêts du Peuple ; que le Public fût admis, autant qu'il se peut, dans le Gouvernement du Public. C'est peut-être le seul moyen de faire revivre, dans nos Provinces, l'abondance & la satisfaction, suite de la bonne administration.

Mais il nous faudroit des ames fermes & des cœurs purs, pour se conduire conformément à des vûes si désirables.

Heureusement, à force d'entendre parler des abus que font de leur autorité les Intendans & les Commissaires purement royaux, les suffrages se rapprochent pour travailler à diminuer cette autorité odieuse au Peuple ; mais ce qu'on a fait jusqu'à présent ressemble au Conseil des rats. On a senti les abus de la taille arbitraire, on a proposé de nouveaux systêmes, on les a critiqués , & après beaucoup de raisonnemens & quelques légeres épreuves, on s'en est tenu là.

Ah ! si quelques personnes tiennent encore pour cette horrible taille arbitraire , entraînées par l'habitude d'une ancienne possession, & séduites par quelques sophismes qu'ont dictés la dureté de cœur & l'orgueil de la Noblesse, l'opulence du Financier, &c. qu'elles considerent que la France est le seul pays du Monde où les impositions soient arbitraires.

Mais déjà peu de gens conservent ce préjugé, & c'est toujours beaucoup que le Gouvernement songe sérieusement à soulager les campagnes ; il ne manque donc plus que des moyens, & je vais en proposer.

Ne conseillons pas pour cela au Roi de descendre de son trône pour aller, avec une antique simplicité, parcourir son Royaume & devenir le spectateur de tant de maux en général, & de tant d'abus dans les administrations ; réservons ce voyage pour être fait après que le remede aura été appliqué à nos maux, ou à mesure des progrès successifs. Quelle plus grande volupté pourroit lui être jamais réservée, que d'aller considérer des Villes & des Provinces qu'il auroit rendues florissantes ; de voir l'aisance rappelée dans des Cités qui ne sont aujourd'hui que boue & que ruines ; d'abandonner au feu Roi, son bisaïeul, la gloire d'avoir construit de superbes jardins autour de ses palais, & de jouir de celle de n'avoir fait qu'un beau jardin de toute la France, de fe dire à foi-même :

Par-tout, en ce moment, on me bénit, on m'aime......
Je vois pat-tout voler les cœurs à mon paffage !

Certes voilà une efpece de gloire, de triomphe qui honore autant que les autres, & pour laquelle la Nation entiere doit demander la préférence. On a fouvent flatté certains Princes d'être les délices du genre humain : ce titre, ou le défir feulement de le mériter, les a fait plus vivre dans la mémoire des hommes, que les plus célebres conquêtes. Mais, à dire vrai, le Souverain s'eft appliqué férieufement à l'obtenir, ou en a connu les véritables moyens. Tant que les artifans du bonheur public feront tirés de la Cour pour feconder les Rois, la moindre atteinte à leur autorité les rendra d'abord ennemis de ce qui leur femblera y être contraire : ils adopteront une fauffe théorie de l'impôt, & emploieront de mauvais moyens pour le percevoir.

Sous Louis XI on fit une ligue & une guerre qu'on ofa qualifier du nom refpectable du bien public; hélas ! il ne s'y agiffoit d'autre chofe au fond, que de rendre

quelques grands Seigneurs plus puissans &
& plus insolens.

L'intérêt du Fisc n'est que trop favorisé
par les gens de Cour à qui on le confie,
ils y emploient le conseil & la force ;
mais pour l'intérêt du Peuple, il ne pourra
jamais être connu ni soutenu que par le
Peuple même.

On commence déjà à se convaincre
dans le monde, que les richesses du Roi
dépendent de l'abondance où seront ses
sujets. On en cherche les moyens. On
voudroit augmenter le commerce ; on
écoute avec attention les nouveaux projets de finance qui présentent des faces
salutaires : on fait des Réglemens de Police ; mais peu réussissent, faute d'exécu-
teurs de la Loi.

Pour réussir dans ce que j'ai à proposer, il ne suffit pas que l'autorité
royale soit, comme elle est aujourd'hui,
à l'abri de toute infraction ; il faut aussi
qu'on en ait la juste opinion que l'on
doit en avoir, qu'elle ne soit pas sus-
pecte au Peuple, & que l'on bannisse
sur cela toute terreur panique & tout
préjugé. On est déjà revenu en France
d'une infinité de préventions contre cette
autorité ; & c'étoit bien à tort qu'on lui

fuppofoit une baffe jaloufie contre le bien-
être du Peuple même.

On ne dit plus, comme autrefois, que
le Payfan doit être accablé d'impôts pour
être foumis, & qu'il faut appauvrir la
Nobleffe pour la rendre docile.

On commence à raifonner de finance
avec plus de jufteffe, & on eft moins la
dupe de la charlatanerie des Traitans. Le
Confeil fent le befoin qu'il y auroit de diminuer les impofitions dans le Royaume;
& au contraire, à chaque bail des fermes
générales, on voit naturellement augmenter le prix du traité. Cela vient de
ce que les levées de la taille font régies
& forcées par des Officiers Royaux, au
lieu que la plupart des droits de ferme
font volontaires, portent fur les confom-
mations, & font entrepris à forfait par des
gens qui ont leur intérêt direct & perfonnel pour mobile. Ces droits affermés
ayant été mis en régie, il y a quelques
années, on eut lieu de reconnoître que
ceux qui les régiffoient pour le Roi y
mettoient autant de dureté que de négligence, en comparaifon de ceux qui les
percevoient auparavant pour leur compte.

L'autorité royale fera toujours un grand
profit, lorfqu'elle fe débarraffera des foins

frivoles qui ne font que la commettre vainement, qui coutent beaucoup au Trésor royal, & qui rendent peu.

La gloire & les priviléges de la Noblesse font partie de la constitution du Royaume, cela n'est pas douteux ; mais quels font ces priviléges, voilà ce qui mérite examen. Le principal est de jouir d'une grande considération dans l'Etat, & d'y être honoré ; mais cet honneur est subordonné à l'éclat des richesses, aux dignités qui font craindre, & au mérite personnel qui fait respecter ; & sans tous ces accessoires qu'on nomme illustrations, qu'est-ce donc que la Noblesse en elle-même ? que mérite-t-elle & qu'obtient-elle ?

Il n'existe en France presque aucun moyen à la Noblesse de recouvrer du bien quand elle l'a dissipé, sinon les mésalliances ou quelques emplois indignes d'elle. Voilà comment les hommes font ordinairement peu d'accord avec eux-mêmes.

Une des choses qui a le plus avili la Noblesse dans ces derniers temps, c'est de reconnoître deux classes séparées parmi elle, celle des gens établis assidument à la Cour par leurs Charges ou qui la fré-

quentent , & celle de la simple Noblesse
qui se tient dans ses terres ou vit loin de
la Cour. Il a passé & il est tout reçu
en France à présent, que les honneurs
de la guerre & les grades militaires sont
accordés à ce qu'on nomme les Seigneurs,
de préférence à la simple Noblesse, ce qui
décourage les gens de guerre de profession,
& donne de mauvais Officiers-Généraux à
nos armées.

Cependant toute l'Aristocratie du Gouvernement François, & toute la part qu'y
a la Noblesse, se réduisent au commandement des armées & au service militaire. Mais les affaires de la guerre ne
donnent qu'une autorité passagere, & qui
se borne à la durée de chaque campagne.
Ajoutez à cela quelques distinctions brillantes, quelques Charges à la Cour, agréables par l'accès qu'elles procurent près de
la personne du Prince , mais contre-ba-
lancées par la défiance que les Ministres
lui donnent de ces courtisans ; des occasions de nuire plutôt que de servir, une
suite continuelle d'intrigues & de vengeances, un vain éclat qui reluit au loin
& qui ne soutient pas l'examen, un meilleur air & plus de goût dans les discours
& dans les modes, de grandes terres

titrées & négligées , des dettes & des injustices.

Toute l'autorité essentielle du Gouvernement a passé entre les mains de la Magistrature (*). Les fonctions des grands Officiers de la Couronne sont à présent confiées à *des Bourgeois* (**) *constitués en dignités amovibles, successeurs de ces Clercs sur qui les anciens Nobles se reposoient de la peine de savoir lire & écrire, & de demeurer dans les Villes, tandis qu'eux ou combattoient ou régnoient sur leurs Fiefs. Ces hommes nouveaux, accoutumés de jeunesse à toute la dureté de cœur nécessaire pour disposer froidement de la vie, des biens & de l'honneur des Citoyens, sous les titres ignobles de Secrétaires & de Contrôleurs* (* * *), *font à présent trembler les fils de leurs Maîtres ; ils les dégradent , & ils les envoient en prison ou en exil, suivant leur humeur ou leurs caprices.*

La Robe, destinée, à la vérité, au travail du cabinet, mais non pas précisément à l'Administration, a perdu, en par-

---

(*) L'Auteur écrivoit avant 1750.

(**) Expression de M. le Comte de Boulainvilliers.

(***) Toute cette tirade appartient à M. de Boulainvilliers.

venant au Miniftere, ou en cherchant à y parvenir, l'efprit de modeftie, de fageffe & d'application qui faifoit fon principal mérite ; elle tombe dans les mêmes abus qui ont arraché le Gouvernement des mains de la Nobleffe. L'hérédité s'accroît dans les premieres Magiftratures, les furvivances deviennent fréquentes dans les Charges les plus importantes de la plus importante Adminiftration. Ceux qui s'y trouvent placés, pour ainfi dire, par droit de naiffance, tombent dans une commode inaction, & fe font doubler par des fubalternes, qui eux-mêmes trop confidérés pour travailler, font faire leur ouvrage par d'autres Commis inférieurs.

Enfin on s'eft accoutumé dans la Robe, comme dans la Nobleffe, à diftinguer en deux claffes les familles des Magiftrats. On rend à ceux de la premiere claffe des honneurs qu'on croit dus à la poffeffion de leurs dignités & aux anciens fervices de leurs peres, quoique les enfans négligent d'acquérir la même capacité ; les autres ne font traités que comme des hommes nouveaux dans l'ordre des fénateurs.

Il faudroit donc encore inventer un troifieme ordre de gens qui travaillaffent par eux-mêmes, & qui ne fuſſent traités que ſelon leur réputation & leur mérite perſonnel.

On connoît toutes ces vérités ; mais cela ſuffit-il ? Le mal connu eſt plus près du remede ; il faut donc s'en occuper. Il eſt important qu'on ſe fixe à des principes qui ne varient plus.

On a vu par expérience ce qu'ont gagné l'autorité royale & le bonheur public, à la ſuppreſſion des grands Fiefs & des Gouvernemens indépendans. De là cependant ſont partis de nouveaux abus qui reviennent dans le même genre, mais moindres en eux-mêmes & plus faciles à corriger.

Encore une fois on reconnoît, on ſent, on voudroit le bien. Quand la paix ramene au loiſir, on cherche des perfections qu'on devine & qu'on ne peut encore annoncer. Mille nouveaux Réglemens de Police & de Commerce établiſſent les maximes de Démocratie que je demande ; mais la ſuite les dément par l'obſtacle des préjugés, & par des abus contraires à l'exécution de cette idée. On ne va pas chercher les abus dans leurs ſources : on charge, par exemple, tous les jours les Maires & les Syndics des Bourgs & des Villages des ſoins de Police

& de Finance, auxquels ils ne peuvent répondre, faute de liberté, d'autorisation & de salaire. Quelques Provinces de France nous offrent en même temps l'image & nous donnent quelque idée de l'utile Gouvernement que je vais proposer : on les connoît sous la dénomination générale de Pays d'Etats ; mais remarquons que plus les assemblées sont petites & syncopées, mieux elles sont gouvernées & hors des atteintes de la résistance ou de la révolte. Tels sont les Colléges de la Flandre maritime, les différens petits Pays que l'on trouve le long des Pyrénées, & principalement les Communautés de Provence. Ces dernieres, avec les Vigueries, se gouvernent intérieurement avec succès, & s'assemblent une fois par an, pour se concerter & pour obéir aux demandes générales du Roi.

Voyons donc comment on pourroit établir & éclaircir des principes conformes aux idées dont je viens de présenter seulement le germe.

CHAPITRE VII.

Plan d'une nouvelle Adminiſtration propoſée pour la France.

Une *Foi, un Roi, une Loi.* Il y a long-temps que l'on a dit & écrit que ces trois mots étoient la baſe fondamentale de tout bon Gouvernement : mais a-t-on bien compris en quoi conſiſtent les principes qui en réſultent, & qui doivent aſſurer la paix, la gloire & le bonheur d'un Etat ? Voici comme je les entends.

Il ne faut qu'une Foi, c'eſt-à-dire, qu'une Religion dans un Etat, mais il en faut une. Pour nous en convaincre, conſidérons que, ſur un million d'ames, il y en a neuf cent quatre-vingt-dix-neuf mille dont la morale n'eſt fondée que ſur la Religion ; encore ne ſais-je ſi les mille autres doivent aſſez ſolidement compter ſur leur philoſophie, pour ne pas éprouver que, dans les grandes occaſions, la philoſophie ſeule & dénuée de motifs ſurnaturels, n'oppoſe pas une barriere ſuffiſante à la fougue des paſſions.

Il

Il faut que la Religion foit pure, que ceux qui la prêchent foient ennemis de la perfécution, & qu'ils choififfent de préférence les moyens les plus doux pour la perfuader, la faire aimer & refpecter ; qu'ils la préfentent toujours comme un encouragement à la pratique des vertus morales, & qu'ils évitent la baffe & ridicule fuperftition qui la rendroit méprifable. Si l'on y admet de l'enthoufiafme, qu'il foit noble & élevé, qu'on fente que fa fource eft divine, en en jugeant par fes effets. Dût-on, en matiere de Religion, éprouver quelques-uns des inconvéniens attachés à l'humanité (car enfin fi la Religion eft divine, fes Miniftres font des hommes), on court le plus grand de tous les dangers à montrer de l'indifférence fur cet objet effentiel. Il vaudroit mieux, pour un Souverain, changer la Religion établie dans fes Etats, s'il étoit bien perfuadé qu'elle eft contraire à la bonne morale, & s'il pouvoit faire ce changement fans occafionner de grands troubles, que d'annoncer que toute façon de penfer fur cette importante matiere lui eft indifférente. En effet, puifque (comme nous venons de le dire) la morale de la plupart des gens eft fondée fur le dogme, il faut établir irrévocablement celui-ci pour confacrer celle-là, plaindre ceux qui s'écartent des principes de la Religion dominante, fans les tourmenter ; mais fe bien garder de les encourager, ni de les entretenir dans leurs erreurs ; éviter fur-tout qu'ils ne faffent des profélytes, puifque ce feroit augmenter les difparates avec la façon de penfer du Souverain, & même fomenter des troubles. Mais ce n'eft pas fur ce point, quoique le premier de tous, que je veux m'étendre davantage en formant le plan annoncé à la tête de ce Chapitre. Paffons au fecond.

Il ne faut qu'*un Roi* dans un Etat, parce que dans tout Etat il faut une autorité, & qu'elle ne peut être trop fimple dans fon principe & trop étendue dans fes effets, pourvu que ce foit à l'avantage du Public & de la Nation. On doit prendre les mêmes précautions pour le maintien de l'autorité royale, que pour celui de la Religion : fi dans celle-ci il faut éviter le fanatifme & la perfécution, la Monarchie doit également fe défendre de la tyrannie du defpotifme & de l'injuftice ; mais ces excès ne font pas plus dans la nature de la Monarchie, que le fanatifme & la fuperftition dans celle de la Religion. Au contraire, il eft auffi naturel aux Rois de rendre leurs Peuples heureux, qu'il eft de l'effence de la juftice & de la bonté innée du Créateur de conferver le Monde qu'il a fcrmé, & d'y tout régler pour le mieux ; plus l'intérêt eft concentré, plus il eft grand : un feul Monarque qui réunit en lui l'intérêt de toute une Nation, doit en être pénétré, & le regarder comme fon bien propre, capital, effentiel, fans lequel il ne peut fe flatter, ni d'être obéi, ni d'être heureux.

La Loi du Roi & de la Nation eft tout entiere renfermée dans ces cinq mots latins, *falus Populi* , *fuprema Lex efto* , *que le bien public foit la fuprême Loi.* C'eft cette Loi qu'il eft queftion de faire connoître. Je vais tâcher de montrer comment elle doit être fuivie dans une *Monarchie* bien réglée, à l'aide d'une *Démocratie* bien entendue, qui n'ôte rien à l'autorité. Voici comment je voudrois que fût rédigé un premier Réglement fait dans cet efprit, & fufceptible d'être fuivi par une multitude d'autres qui en contiendroient les développemens.

LOUIS, par la grace de Dieu, Roi de France, &c. L'autorité que nous tenons de Dieu feul, & qui s'étend fur tous les Peuples foumis à notre domination, ne nous ayant été confiée, de quelque maniere que nous l'ayons acquife, foit par droit de conquête, ou par fucceffion héréditaire, que pour faire leur bonheur, nous défirons qu'ils concourent avec nous, pour parvenir à un but auffi falutaire ; nous voulons les faire participer à une fage adminiftration de nos biens & revenus, & des finances que nous ne prétendons employer que pour leurs avantages & la gloire de notre Nation. Notre intention eft de leur donner également part au maintien de la plus parfaite Police & au foin de la Juftice ; autant cependant que ces libertés, dont ils feront redevables à nos bontés & à notre tendreffe pour eux, feront compatibles avec le maintien de notre autorité, & le droit de faire & d'abroger les Loix qui nous appartient éminemment : nous confentons à n'ufer de celui-ci, qu'après avoir mûrement réfléchi & délibéré fur l'intérêt de nos Peuples & de nos Provinces. Nous voulons que notre autorité foit toujours décifive, mais toujours éclairée ; que l'adminif-

tration de chacune de nos Provinces
foit remife entre les mains de fes habitans, mais toujours furveillée par nous
ou en notre nom : A ces caufes, & par
ces confidérations, nous avons ordonné, &c.

ARTICLE PREMIER.

Notre Royaume continuera d'être divi-
fé par Provinces, fous le titre de grands
Gouvernemens, de Généralités, ou fous
quelque autre dénomination que ce foit,
mais fans que les titres que porteront ces
Provinces puiffent jamais fervir de prétexte à renouveler les droits éteints depuis fi long-temps des anciens Feudataires
de notre Couronne ; à plus forte raifon
les prétentions des Puiffances étrangeres
fur lefquelles nous les aurions conquifes.

Nous ne voulons ni n'entendons attribuer à aucune de nos Provinces plus de
priviléges qu'aux autres, mais les laiffer
toutes jouir, par rapport à leur adminiftration intérieure, d'une liberté dont nulle
d'entre elles n'a joui jufqu'à ce jour ; par
conféquent les plus privilégiées y trouveront de l'avantage, & nous aurons la
fatisfaction d'avoir établi par tout notre
Royaume une adminiftration uniforme,

ne laiffant fubfifter entre les Provinces qui le compofent, d'autre différence que celle nécffairement attachée à l'étendue de chacune, à la fertilité de fon fol, à fa population & à fon commerce. Nous ne voulons point qu'aucune Terre puiffe être difpenfée de contribuer, comme les autres, aux impofitions réelles & foncieres qui auront lieu pour toute l'étendue de notre domination, & que la Nobleffe, quelque ancienne qu'elle foit, ni aucun emploi, charge ni dignité, foit un titre pour difpenfer nos fujets de payer les impofitions réelles perfonnelles.

A R T I C L E I I.

Chaque Province continuera d'être fubdiviféе en Diftricts plus ou moins étendus, à peu près comme elle l'étoit ci-devant, fous les différens noms de Diocefes, Bailliages, Sénéchauffées, Gouvernances, Vigueries, Elections, Subdélégations, ufités dans les différens Pays de notre domination. Ces Diftricts continueront même de porter les titres honorables de Comté, Marquifat, Vicomté, Baronnie, qui leur ont été anciennement attribués, mais fans que l'on puiffe induire de tous ces titres aucune supériorité ni assujettissement d'une terre à l'autre, capable de gêner les administrations qui seront établies dans chacun de ces Districts & leurs subdivisions.

A R T I C L E III.

Chaque District sera encore subdivisé en Villes, Bourgs, Paroisses ou arrondissemens composés de plusieurs Villages, & chacune de ces subdivisions aura ses Administrateurs particuliers, chargés de veiller à la répartition exacte des impositions sur tous les habitans, dans la plus juste proportion de leur possession & de leurs fortunes ; ces Administrateurs seront tenus en même temps de tenir la main à l'exécution des Réglemens de Police qui intéresseront le bon ordre, la population & le commerce de leur territoire ; pour cet effet, ils seront toujours choisis parmi les habitans domiciliés & possessionnés dans le lieu même, à la pluralité des voix & par voie de scrutin. L'Assemblée dans laquelle ils seront élus, se tiendra tous les ans à jour convenu, & les Administrateurs pourront être changés ou continués en tout ou en partie : il y en aura au moins deux par chaque Paroisse ou arrondissement, un peu plus dans les Bourgs, & un nombre plus considérable dans les Villes, où ils formeront un Corps & Conseil Municipal.

Article IV.

Pour faciliter les opérations de ces Administrateurs, il sera incessamment travaillé à un Cadastre ou Tableau exact de toutes les terres contenues dans chaque District & dans ses subdivisions, de la valeur & du produit de chaque terre, & de la fortune actuelle de ceux qui l'habitent. Ce Tableau servira de base ou de regle pour les impositions de tous genres, sur quelque pied qu'elles soient réglées, soit par nous-mêmes en notre Conseil, soit par les Etats de la Province, & quelque objet qu'elles aient, soit pour subvenir aux dépenses générales du Royaume, soit qu'elles regardent les besoins ou les avantages particuliers de la Province. Ce sera d'après ce travail que les répartitions seront faites, & que le montant des impositions sera perçu & porté annuellement à la caisse de chaque District, avec les observations convenables sur les changemens qui pourront survenir d'une année à l'autre.

ARTICLE V.

Il se tiendra tous les ans dans chaque District une assemblée, à laquelle assisteront, 1°. les Administrateurs de la Ville principale du District, 2°. un Député de chacun des Bourgs, & 3°. à tour de rôle, un certain nombre d'Administrateurs des Paroisses & arrondissemens. Cette assemblée sera préparatoire à celle des Etats Provinciaux, & l'on y choisira les Députés qui se rendront à celle-ci dans un moindre nombre que ceux composant l'assemblée du District.

Les Possesseurs des terres considérables de chaque District pourront assister à cette assemblée, soit en personne, soit par leurs représentans.

Les Contribuables remettront ou feront remettre à la caisse du District leur contingent des impositions, conformément au Tableau ou Cadastre ; porteront à l'assemblée leurs représentations, s'ils sont dans le cas d'en faire, & auront voix délibérative pour tout ce qui concernera le District ; mais aucun des Propriétaires ou Députés n'aura de prépondérance dans les délibérations.

Le temps de la durée de l'assemblée de chaque District sera de quinze jours.

Article VI.

Nous accordons à chacune des Provinces de notre Royaume l'honneur & l'avantage d'avoir des Etats Provinciaux, lesquels s'assembleront tous les ans à la fin du mois de Novembre, continueront leurs séances pendant tout celui de Décembre, & se sépareront au commencement du mois de Janvier suivant : ils seront composés d'un certain nombre de Députés de chaque District, pris dans les assemblées particulieres de ceux-ci. Il n'y aura de Membres perpétuels de ces Etats, que deux Députés du Corps Municipal de la Ville où ils se tiendront, un de la Ville principale de chaque District, & quelques Propriétaires de grandes terres, auxquels le droit d'assistance perpétuelle aux Etats sera accordé en considération de la dignité ou de l'étendue de leurs possessions dans la Province dont ils seront regardés comme les Pairs ; mais leur voix ne sera comptée que comme celle des autres, sans aucune prépondérance. Les autres Membres des Etats seront choisis, ainsi que nous l'avons dit, dans chaque District.

A R T I C L E VII.

Notre intention eſt de faire des Réglemens détaillés, concernant la compoſition
des Etats Provinciaux & des Aſſemblées
de Diſtricts, la forme dans laquelle ils
doivent ſe tenir, la maniere d'y opiner,
les matieres qui y ſeront traitées ; quelles
ſeront celles abſolument ſoumiſes aux
Etats, dans quel cas il leur ſera permis
de nous faire des repréſentations, &
comment on devra y recueillir les voix,
ſoit par la voie du ſcrutin, ou en pre-
nant tout haut celles de chaque Membre
des Etats.

Cependant nous déclarons dès à préſent, que notre volonté eſt que la conſtitution des Etats Provinciaux ſoit uniforme
par tout notre Royaume, & qu'aucun
Diſtrict ne puiſſe y dominer ſur un autre :
entendons au contraire qu'il y regne une
parfaite égalité, afin que tout y concoure
également aux intérêts de la Province.
Pour cet effet, nous ne voulons pas que
la Nobleſſe faſſe un corps à part dans
leſdits Etats, ni qu'aucun Gentilhomme,
quelle que ſoit ſon extraction, y entre,
s'il n'a des poſſeſſions qui lient étroite-
ment ſes intérêts avec ceux de la Pro-

vince, & qui l'obligent à en fupporter les charges, ou qu'il ne foit Député de quelque Diftrict.

Nous accordons néanmoins aux Pof-feffeurs des grandes terres, qui feront qua-lifiés Pairs de la Province, des féances honorables : nous voulons qu'ils foient affis fur des fiéges plus élevés que ceux des autres Membres des Etats, & que le Député chargé de recueillir les voix, les leur demande avec des marques de con-fidération & de refpect, fur-tout s'ils font perfonnellement revêtus de hautes digni-tés, ou parvenus à des grades confidéra-bles. Ils pourront être repréfentés, en cas d'abfence, par des Subftituts chargés de leur procuration ; mais ni ceux-ci, ni eux-mêmes n'auront que les voix attachées à leurs poffeffions, & proportionnées à la quotité des impofitions qu'ils devront fupporter. Nous aurons nous-mêmes, pour les terres dont nous conferverons le domaine utile, des Repréfentans qui feront tout-à-fait diftincts de nos Com-miffaires, dont les fonctions fe borneront à opiner comme Membres des Etats, & dont la voix ne fera comptée, dans les délibérations générales, que comme celle des autres Propriétaires ; nous fondant

sur ce principe inconteftable, que l'autorité fur nos Provinces refte tout entiere
entre nos mains ; que nous ne confions
aux Etats que la feule adminiftration,
c'eft-à-dire, l'exécution de nos ordres, la
répartition jufte & exacte des charges
que nous croyons utiles & néceffaires
d'impofer, le droit de nous éclairer fur les
befoins de chaque Province, & fur les
mefures à prendre pour en augmenter la
population & le commerce, & la liberté
de nous repréfenter les abus que pourroient faire de nos ordres ceux qui les reçoivent immédiatement de nous.

A R T I C L E VIII.

A chacun des Etats Provinciaux feront
attachés trois premiers Officiers, élus au
fcrutin par l'Affemblée, amovibles &
même deftituables dans les cas où ils feroient convaincus de fautes graves. Ces
Officiers n'auront point voix délibérative,
mais ils feront de droit prépofés à la pour-
fuite de toutes les affaires

Le premier, fous le titre de Syndic
général, fera vraiment le modérateur de
l'Affemblée, chargé de faire les pro-
pofitions, & de mettre fur le tapis les
affaires fur lefquelles les Etats auront

à délibérer, & de réunir les voix, de quelque maniere qu'elles se donnent, ou hautement, ou par voie de scrutin ; il déclarera l'avis qui a prévalu, maintiendra la paix & le bon ordre dans l'Assemblée, & fera exécuter les Réglemens arrêtés pour l'intérieur des Etats.

Le second Officier, sous le nom de Secrétaire général, rédigera, par écrit, les délibérations, & rendra compte à l'Assemblée de cette rédaction, pour qu'elle juge elle-même s'il en a bien saisi l'esprit conformément au vœu ou aux ordres de l'Assemblée ; il dressera les lettres qu'elle écrira en corps, & les signera. Il aura sous lui plusieurs Secrétaires, qu'il sera maître de choisir, & dont il répondra : ceux-ci composeront ses Bureaux, & seront attachés aux différentes Commissions que les Etats formeront suivant les circonstances ; ils en rédigeront les Mémoires, & seront chargés de conserver en bon ordre les dépôts & regîtres des délibérations, les pieces qui y auront rapport, le Greffe, & enfin les archives des Etats.

Le troisieme Officier des Etats sera le Trésorier général : celui-ci touchera de chaque Receveur particulier le montant des impositions de son District, fera

paſſer au Tréſor royal la partie de ces impoſitions qui devra y être verſée pour
contribuer aux dépenſes générales du
Royaume, conſervera entre ſes mains la
portion deſtinée à ſubvenir aux beſoins
de la Province, & à procurer des avantages à ſes habitans, l'emploiera conformément aux ordres des Commiſſaires
des Etats, ſera comptable à nos Miniſtres
des Finances de la recette & de la dépenſe du premier genre, & aux Etats &
à ſes Commiſſaires de celles de la ſeconde
eſpece.

Dans chaque aſſemblée de Diſtrict, il
y aura de même un Syndic, un Secrétaire & un Receveur, qui exerceront les
mêmes fonctions, & ſeront également
reſponſables de leur geſtion.

En général, les Syndics ſeront les Ora-
teurs des Etats & des Aſſemblées ; les
Secrétaires rédigeront & ſigneront tout
ce qui devra être mis par écrit, & les
Tréſoriers & les Receveurs ſeront comptables.

A R I T C L E IX.

L'ouverture de chaque tenue des Etats
Provinciaux ſe fera par les Commiſſaires
que nous nous propoſons de nommer,

pour chacune de ces assemblées, & nous sommes disposés à y envoyer toujours quatre personnes revêtues de ce caractere. Nous choisirons le premier parmi les Militaires d'un rang & d'un grade distingués, & nous lui donnerons le commandement des troupes de la Province; le second, parmi ceux de notre Conseil, dont l'âge, l'expérience & le rang assureront la capacité : les deux derniers seront chacun de l'ordre des deux premiers, mais d'un rang & d'un grade inférieurs.

Les Commissaires ayant été reçus avec les honneurs dus à leur caractere, exposeront aux Etats quelles sont nos intentions ; ils leur diront à combien monte la part des charges générales du Royaume que la Province doit supporter, & pour laquelle elle est comprise dans l'état général des impositions, réglé & arrêté par nous dans notre Conseil. Lorsque ces impositions seront plus considérables qu'elles ne l'étoient les années précédentes, ils en expliqueront les motifs, afin que nos Peuples soient parfaitement instruits des raisons qui nous déterminent à imposer de nouvelles charges : mais d'ailleurs il ne sera pas à l'option des Etats d'accorder ou de refuser, de restreindre ou de

modifier

modifier les charges qui leur feront impofées.

Nous profcrivons à jamais le mot & l'idée de don gratuit, étant convaincus qu'aucune de nos Provinces, ni même aucun de nos fujets, ne peut ni ne doit refufer de contribuer aux charges générales de l'Etat ; que notre intérêt & celui de nos Peuples, font communs & fi bien identifiés, que nous ne devons rien exiger que nos Peuples puiffent légitimement nous refufer, & que réciproquement ils ne peuvent fe refufer à rien de ce que nous fommes forcés d'exiger d'eux. Cependant nous n'empêcherons pas qu'après avoir reçu nos ordres avec foumiffion, les Etats ne nous faffent des repréfentations, s'ils les croient juftes & bien fondées : nous les recevrons toujours avec bonté, & nous nous ferons un devoir d'y répondre article par article. Lorfque les Etats croiront être dans ce cas, après avoir réparti entre les différens Diftricts les fommes qu'ils feront obligés d'impofer, ils nommeront des Commiffaires pour rédiger leurs repréfentations, & elles nous feront portées par les Députés choifis à la fin des Etats pour fe rendre près de nous.

O

Ce premier objet étant rempli, nos Commiſſaires notifieront aux Etats nos intentions concernant les différens Réglemens de Police, de Commerce, d'Adminiſtration Civile & Militaire qui pourront intéreſſer la Province, ſoit que les arrangemens que nous jugerons à propos de faire à cet égard, s'étendent ſur la totalité ou ſur une partie conſidérable de notre Royaume, ou qu'ils ſe bornent à la Province ſeule dont les Etats ſeront aſſemblés. Dans tous les cas, nous admettrons les repréſentations qui pourroient nous être faites ; mais l'exécution de nos Ordonnances & Réglemens ne pourra être ſuſpendue qu'autant que la forme dans laquelle ils auroient été expédiés, ne ſeroit pas impérative & abſolue ; donnant d'ailleurs notre parole ſacrée de n'employer cette forme que lorſque le bien général de notre Etat l'exigera abſolument.

ARTICLE X.

Lorſque les Etats de nos Provinces ſe feront ſuffiſamment occupés de l'exécution de nos ordres, ils pourront donner toute leur attention aux objets qu'ils voudront nous propoſer, & qu'ils croiront avantageux. Après en avoir conféré avec nos Commiſſaires, ils chargeront leurs Députés de ſolliciter auprès de nous les Réglemens, qui ne pourront ſe faire ni s'exécuter que de notre aveu & avec le concours de notre autorité. D'ailleurs ils feront tous les autres arrangemens dont ils feront d'accord entre eux, & dans leſquels notre intervention ne ſera pas néceſſaire ; notre intention eſt que nos Commiſſaires, Juges, Commandans & Officiers les ſecondent dans tout ce qui ſera généralement reconnu pour convenable & utile, ou qui ne ſera que l'exécution des Réglemens approuvés par nous.

A R T I C L E XI.

Dans les dernieres ſéances de la tenue des Etats, il ſera choiſi un certain nombre de Membres de ces mêmes Etats, pour compoſer une Commiſſion intermédiaire, qui, pendant l'eſpace d'une tenue d'Etats à l'autre, s'occupera de la ſuite & de l'exécution de tous les objets décidés ou traités durant le temps que les Etats auront duré. Cette Commiſſion ſera compoſée d'un Député de chaque Diſtrict, & des trois Officiers principaux. Elle reſtera toujours aſſemblée dans la même Ville où se seront tenus les Etats, & entretiendra une correspondance suivie avec les Administrateurs & Officiers de chaque District, & les Députés des Etats à la Cour. Ceux-ci seront aussi nommés à la fin de chaque tenue d'Etats, à la pluralité des voix prises par forme de scrutin. Ils seront au nombre de quatre, choisis entre tous les Députés qui composeront l'assemblée.

Les Membres de la Commission intermédiaire & les Députés ne seront point remplacés, pour les Etats suivans, dans les Districts dont ils seront Députés ; mais ils rentreront aux Etats, pour y rendre compte des affaires dont ils se seront occupés pendant le cours de leur Commission.

Les Députés qui ne seront point Membres de la Commission intermédiaire, ni envoyés à la Cour, retourneront, après la séparation des Etats, chacun dans leurs Districts, & ils y rendront compte des résolutions prises dans les Etats. Quelques-uns d'eux resteront dans la Ville principale du District avec le Syndic & le Secrétaire, & composeront une espece de Commission intermédiaire jusqu'à l'époque de l'assemblée suivante.

A R T I C L E XII.

Nos deux principaux Commissaires
choisiront pour chaque District, & même
pour tous les différens lieux & postes où
ils jugeront convenable d'en établir, des
Commandans particuliers, qui seront subordonnés au premier Commissaire, ou
des Subdélégués, qui dépendront du second : ils seront chargés de faire vivre
les troupes en bonne discipline, de maintenir les Ordonnances & Réglemens dont
l'exécution leur sera recommandée par
leurs Supérieurs, & de rendre compte
d'ailleurs de tout ce qui se passera ; mais
ils ne pourront faire de nouveaux Réglemens, donner en leur nom aucun ordre,
ni employer la force contre les habitans
& domiciliés, à moins que ce ne soit
dans les cas les plus urgens, avec obli-
gation d'en rendre compte sur le champ
aux principaux Commissaires auxquels ils
doivent ressortir, & à la volonté desquels
ils seront révocables, à moins qu'ils
n'aient des Commissions émanées de nous-
mêmes.

Nos Commissaires même seront amovibles à notre volonté : leurs fonctions
seront plus ou moins étendues ou pro-

longées, suivant que le bien de notre service l'exigera. Nous nous réservons à nous
seuls de juger des honneurs & récompenses qu'ils auront pu mériter après les
avoir exercées, & de régler le traitement
dont ils devront jouir pendant qu'ils les
exerceront. Nous ne voulons point que
la Province dans laquelle ils seront envoyés, soit chargée de payer ce traitement, mais qu'il soit pris sur la masse
des dépenses générales de notre Royaume.
Nous leur défendons expressément, ainsi
qu'aux Commandans particuliers & aux
Subdélégués, de recevoir aucuns gages,
aucunes pensions, ni de tirer aucuns émolumens des Etats, des Villes & des Peuples
avec lesquels ils seroient en relation pour
le fait de notre service ; mais, au contraire, les gages, appointemens & émolumens des Officiers des Etats, les frais de
voyages des Députés & Commissaires de
ces mêmes Officiers, tant dans l'intérieur
de la Province qu'au dehors, seront entiérement à sa charge.

Article XIII.

Les frais de perception des impositions
de toute nature mises sur la Province,
seront aussi à sa charge, & les sommes

néceſſaires pour ſubvenir à ces frais ſeront ajoutées à la ſomme principale, dont le montant, ſans aucune déduction ni retenue, ſera verſé dans notre Tréſor par le Tréſorier de la Province. Ce ſera aux Etats Provinciaux & aux Aſſemblées des Diſtricts à faire cette perception à moins de frais poſſibles, & de la maniere la moins déſagréable au Peuple. De même toutes les dépenſes, dont l'objet ſera circonſcrit dans l'intérieur de la Province, ſeront entiérement abandonnées aux ſoins des Etats, qui tireront eux-mêmes des habitans les fonds néceſſaires pour y pourvoir, veilleront à l'emploi qui en ſera fait, feront & régleront les devis & marchés, nommeront ceux chargés d'inſpecter les travaux publics, & de répondre de leur parfaite exécution, &c. &c.

Article XIV.

Conſéquemment à ce que nous venons de régler, les Tréſoriers de chaque Province ſeront comptables à deux Tribunaux de Finances différens : ſavoir, à notre Conſeil Royal des Finances & à notre Chambre des Comptes de Paris, du produit net de la recette entiere des impoſitions générales, miſes par notre autorité sur la Province. Leur dépense relativement à ce grand objet de recette, sera justifiée par des récépissés du Trésor Royal, dont le montant devra être égal à leur recette. Mais pour tous les objets ordonnés par la Province même, ils auront pour Juges de leur gestion, les Etats, qui seront à portée de bien connoître les difficultés qu'ils auront trouvées dans leur recette, & la légitimité des pieces qu'ils produiront pour justifier leur dépense. Une partie de la Commission intermédiaire examinera leurs comptes pendant le courant de l'année qui suivra celle où les sommes auront été vraiment dépensées, & le compte sera arrêté par les Etats un an au plus tard après les dépenses faites.

Article XV.

Les établissemens qui doivent être faits en vertu des articles ci-dessus, rendant inutiles un grand nombre de Charges, & même l'existence de plusieurs Compagnies entieres, nous nous proposons de les supprimer, & d'en rembourser les finances par des moyens moins onéreux au Peuple que la conservation de ces Charges : ainsi nous supprimerons, 1°. les

Receveurs généraux de nos Finances dans toutes nos Provinces, & les Receveurs des Tailles ; les Tréforiers généraux & les Receveurs des Diſtricts devant en tenir lieu : 2°. les Receveurs généraux des Domaines & Bois, ainſi que tous nos Officiers des Eaux & Forêts ; les Etats de chaque Province pouvant ſe charger de faire exécuter les Réglemens déjà faits, ou qui pourront encore l'être, touchant la conſervation & la police des bois. Il en ſera de même des Tréforiers des Ponts & Chauſſées, & de tous les Employés à la conſtruction des grands chemins & des bâtimens publics, ſoit qu'ils ſoient en Charges ou en Commiſſions ; les Adminiſtrations Provinciales pouvant ſe charger, chacune dans ſon Diſtrict, des frais & de l'exécution de ces ſortes d'ouvrages : ainſi nous ferons rayer tous ces articles de la liſte de nos dépenſes générales.

Les Aides & Gabelles, Traites & autres droits des Fermes devant être dorénavant perçus ſous l'inſpection & direction des Adminiſtrations Provinciales, & les Employés pour cette recette devant être les mêmes que ceux des autres impoſitions, nous pouvons regarder leurs

appointemens & émolumens comme fu-
perflus & épargnés.

Nous nous propofons également de fupprimer, 1°. les Tréforiers de France ; des
Commiffaires tirés des Etats Provinciaux
devant en remplir toutes les fonctions :
2°. Les Chambres des Comptes de Province, en ne confervant que celle de Paris,
chargée de la vérification des comptes du
Tréfor Royal : 3°. Les Cours des Aides
& les Elections ; les Commiffaires des
Etats Provinciaux, & ceux des Affemblées des Diftricts pouvant fuffire à la
décifion de la plupart des affaires qui
fe portoient devant ces Tribunaux &
les terminer à moins de frais : mais
lorfque les queftions feront affez importantes pour exiger de véritables procédures, il faudra les fuivre par-devant
nos Juges Royaux, & par appel au Parlement.

Article XVI.

Les places & titres de Gouverneurs &
Lieutenans - Généraux, & à plus forte
raifon Lieutenans de Roi de nos Provinces, feront fupprimés, & remplacés
par nos premiers Commiffaires aux Etats
qui feront Commandans du Militaire :

s'il a été accordé pour ces places suppri-
méés des brevets de retenue, nous pourvoirons à leur remboursement. Les Gouverneurs particuliers des Villes seront aussi
supprimés & remplacés, où il sera jugé
nécessaire, par des Commandans résidens
& toujours amovibles.

Enfin les Baillis d'Epée n'ayant plus
qu'un vain titre & des prétentions ou
inutiles ou embarrassantes, nous les supprimerons pareillement, & nous change-
rons le titre de Lieutenant que portent
les principaux Juges des Bailliages.

Article XVII.

S'il s'éleve dans l'intérieur de quelque
District des difficultés entre les différens
Territoires, Paroisses, Villes ou Bourgs,
pour leur administration concernant l'é-
tendue de leurs limites ou celle de leurs
pouvoirs, l'Assemblée du District cher-
chera d'abord à les concilier ; si elle n'en
peut venir à bout, la question sera pro-
posée aux Etats Provinciaux ; & si ceux-ci
ne sont pas parfaitement d'accord, ou
éprouvent quelque résistance de la part
des Parties intéressées, l'affaire sera portée à notre Conseil, qui la décidera, soit

par un Arrêt, ſoit par un Réglement. De
même, s'il s'éleve des queſtions entre les
différentes Provinces, & que des Commiſſaires nommés par elles ne puiſſent
les concilier, nous nous en ferons rendre
compte dans notre Conſeil, & nous en
déciderons ſouverainement.

Article XVIII.

En confiant aux Peuples de nos Provinces la perception & l'adminiſtration
des ſommes que nous ſommes obligés
d'exiger d'eux pour ſatisfaire aux charges
de l'Etat, & en nous en rapportant à
eux ſur la plupart des détails de Police,
nous n'entendons point leur abandonner
le ſoin de rendre la juſtice, qui nous appartient éminemment, comme étant le
ſeul Légiſlateur & le premier Magiſtrat
de notre Royaume; nous voulons qu'elle
continue à être exercée en notre nom &
par nos Officiers.

Pour le bien & l'avantage de nos
ſujets, nous ſupprimerons toutes les
Hautes - Juſtices Seigneuriales, & nous
prendrons les meſures néceſſaires pour
que, dans tous les Pays de notre domination, la Juſtice civile & criminelle ſoit
rendue uniformément & graduellement,

en obfervant le même ordre judiciaire déjà établi, ou en fe conformant aux changemens que nous jugerons à propos d'y faire ; de forte que les appels conti-nuent d'avoir lieu des Juftices inférieures aux Juftices fupérieures royales, & de celles-ci à nos Cours de Parlement. Comme les Hautes-Juftices n'étoient vé-ritablement qu'une charge impofée aux Seigneurs, & que les frais dont ils feront difpenfés retomberont à la charge de nos Domaines & Finances, nous ne croyons leur devoir à cet égard aucun dédommagement, à moins qu'ils n'aient des titres ou des raifons particulieres qu'il leur fera permis de nous expofer, & auxquels nous aurons les égards convenables.

ARTICLE XIX.

En conféquence, lorfque, dans un fait relatif aux Finances ou à la Police, il fe trouvera qu'il a été commis quelque délit grave, & qui méritera d'être fuivi conformément à nos Ordonnances & aux regles de la procédure civile ou crimi-nelle, les Adminiftrateurs ou Magiftrats Populaires les dénonceront à nos Procureurs ou à nos Juges, qui feront obli-gés de pourfuivre les délinquans dans les

vingt-quatre heures, ne laiſſant aux Ma-
giſtrats Populaires d'autre droit que celui
d'arrêter les contrevenans pris en flagrant
délit, ou de les condamner à des amendes
légeres, qui ſeront fixées par des Réglemens approuvés par nous, ſuivant les différens cas & délits. Nous laiſſerons cependant ſubſiſter dans toute leur étendue
les Juriſdictions attribuées aux Corps Municipaux, Maires & Echevins des Villes :
ils continueront d'exercer les fonctions de
Juges, & ſur-tout celles de Lieutenans-
Généraux de Police, lorſqu'elles auront
été réunies à leurs Corps. Nous n'entendons pas non plus ſupprimer les Juriſdictions Conſulaires, ni les contraintes par
corps qui réſultent des Sentences rendues
par ces Juriſdictions, attendu que comme
elles ſont de convention, & qu'aucun n'y
eſt aſſujetti qu'autant qu'il s'y ſoumet
volontairement, dans ce cas il eſt jugé
par ſes Pairs, puiſqu'il a reconnu la Ju-
riſdiction des Commerçans.

A R T I C L E X X.

Nous ferons de nouveau examiner
avec la plus ſcrupuleuſe attention toutes
les Loix en uſage & en vigueur dans
notre Royaume, ſoit qu'étant générales,

elles obligent également tous nos sujets, & que nos Juges soient astreints à s'y conformer, soit que sous le nom de Coutumes & usages locaux, elles soient particulieres à certaines de nos Provinces, à quelques Villes & lieux, ou à différentes classes ou ordres de Citoyens, ou que sous celui de Réglemens, elles ne concernent que diverses Compagnies & Communautés, & quelques Tribunaux particuliers. Si, ce que nous ne présumons pas, nous découvrions que quelques - unes de ces Loix fussent contraires à l'équité naturelle, au bon ordre & aux bonnes mœurs, nous les abrogerions & les changerions; mais, à cela près, nous laisserons subsister les dispositions & usages reçus & établis dans les différentes Provinces, Districts & Tribunaux : persuadés qu'il ne faut pas faire perdre, sans une véritable nécessité, les habitudes anciennement contractées, & qui sont compatibles avec le maintien de la tranquillité des familles & de la bonne police ; que la variété des Coutumes concernant les héritages & la disposition des biens, apporte de la facilité au commerce des terres & aux alliances des familles entre elles. Il en sera de même des droits & redevances attribués à certaines terres ou à certains Seigneurs; nous nous propofons de ne fupprimer & changer que ceux qui nous paroîtront ou injuftes ou trop gênans.

A R T I C L E   XXI.

Afin que toutes ces Loix, qui doivent fervir de bafe pour l'adminiftration de la Juftice de notre Royaume, ne foient établies qu'en parfaite connoiffance de caufe, nous nous propofons d'en foumettre les projets à l'examen, 1°. d'un certain nombre de Magiftrats éclairés & de Membres expérimentés de notre Confeil, qui en difcuteront les articles les uns après les autres, & feront leurs obfervations fur les inconvéniens ou les avantages qu'ils trouveront à leur confervation ou à leur réformation. 2°. Chaque nouvelle Loi étant rédigée, fera de nouveau foumife à l'examen de nos Cours & Compagnies entieres. Nous trouvons jufte que chacun de leurs Membres étant notre Confeiller, puiffe donner fon avis fur des objets auffi importans. Il fera, pour cet effet, fixé un délai convenable; mais leurs obfervations ayant été reçues & de nouveau examinées dans notre Confeil, les

Loix

Loix feront définitivement promulguées par nous dans une forme impérative, qui exigera un prompt enregiftrement & une parfaite exécution.

Toutes les fois que nous & nos fucceffeurs jugerons néceffaire de faire quelque changement aux Loix déjà reçues, on y procédera dans la même forme.

Comme il y a un grand nombre de Réglemens mixtes qui n'intéreffent pas uniquement l'Adminiftration, mais qui doivent être connus des Cours de Juftice & des Tribunaux, la même forme fera obfervée pour leur enregiftrement ; mais les obfervations de nos Magiftrats ne pourront porter que fur ce qui les concerne.

Article XXII.

En attendant que les changemens que nous nous propofons de faire dans les Loix & Ordonnances aient été faits, celles de notre Royaume qui fubfiftent continueront d'être exactement obfervées ; l'exercice de la Juftice & l'ordre judiciaire ne devant point être interrompus, ni nos Juges être un feul moment fans avoir des principes fûrs & des regles de leur conduite. Le reffort de nos Cours de Parlement, leurs attributions, la forme de nos différentes Compagnies subsisteront également, jusqu'à ce que les réunions & suppressions que nous nous proposons de faire, aient eu leur entier effet. Cependant nous déclarons dès à présent que notre intention est de supprimer par tout le Royaume la vénalité des Charges de Judicature. La finance de chacune d'entre elles sera liquidée & remboursée successivement. En attendant, les rentes de ces différentes finances seront exactement payées sur le pied du denier courant, & seront héréditaires, transmissibles & commerçables par les héritiers & créanciers de celui qui possédera l'Office au moment que le remboursement aura été ordonné. Néanmoins, si cet Office est du nombre de ceux que nous croirons utiles au bien de notre Etat de conserver, celui qui s'en trouvera pourvu n'en sera pas dépouillé, il continuera d'en exercer les fonctions, & de jouir des honneurs & prérogatives y attachés, jusqu'à sa mort, démission volontaire ou destitution réguliere ; mais après lui, la Charge retournera à notre libre & entiere disposition, & nous en gratifierons ceux qui auront l'âge & les qualités requises, & que nous croirons les plus dignes, après qu'ils auront fait les études & subi les

examens qui feront prefcrits par les Réglemens que nous nous propofons de faire.

A R T I C L E XXIII.

Notre intention eft cependant d'attacher un prix à certaines Charges ou Emplois de Finance, pour lefquels il eft utile
& convenable de conferver un gage ou
cautionnement de la bonne & fidelle
geftion ou adminiftration. Quoique les
emplois de notre Maifon, ceux qui n'ont
de rapport qu'à notre fervice perfonnel,
& dont les attributions font parfaitement
honorifiques, puiffent être, fans le même
inconvénient, fufceptibles de brevets de
retenue, nous avons réfolu d'en fupprimer l'ufage, préférant de faire, de ces
fortes d'emplois, des objets de récom-
penfe abfolument profitables & nullement
à charge pour ceux que nous en gratifierons; & afin de n'être nullement gênés fur
la difpofition que nous en voudrons faire,
nous pourvoirons au rembourfement de
ceux qui ont déjà obtenu de pareilles
graces.

Les furvivances conduifant à l'hérédité
des Charges & Offices qui exigent des
talens ou des qualités qui fouvent ne font
rien moins qu'héréditaires, nous en prof-

crivons l'usage. Notre intention est même que les enfans ne succedent que rarement aux emplois & fonctions de leurs peres.

Nous nous proposons de prescrire des regles sur l'âge & le temps de service nécessaires pour posséder des Offices, & obtenir la retraite due à ceux qui les auront exercés long-temps & à notre satisfaction & à celle du Public. Si après avoir établi ces regles, nous nous déterminons à y déroger, nous en exposerons les raisons dans les Lettres de dispense, lesquelles seront soumises aux représentations & à l'enregistrement des Compagnies qui pourroient être intéressées à ce qu'elles n'eussent point leur effet. Sur-tout nous n'entendons accorder aucune dispense d'étude : nous voulons, au contraire, que celles propres aux Magistrats & aux Officiers de Justice soient faites avec tout le soin qu'elles méritent. D'après les Réglemens que nous nous proposons de faire, nous avons lieu d'espérer qu'aucun ne sera admis à défendre ou à juger les Citoyens, sans être parfaitement instruit des principes d'après lesquels les affaires doivent être décidées ; & comme ce n'est pas assez que d'avoir étudié ces regles, qu'il faut encore les avoir pratiquées, pour les appliquer avec la dignité & les lumieres convenables à des Juges supérieurs, nous voulons qu'aucun de nos sujets ne puisse être honoré de la qualité de Juge, sans avoir, pendant un certain temps, fréquenté le Barreau, & qu'on ne puisse remplir une Magistrature du premier ordre, sans avoir préalablement siégé un temps convenable parmi ceux qui jugent à la charge de l'appel.

Article XXIV.

Etant nécessaire & de notre justice d'assigner aux différens Officiers des gages & appointemens proportionnés au travail auquel nous les obligerons de se livrer, nous chercherons les moyens les plus convenables & les moins onéreux aux Peuples, pour y pourvoir. D'ailleurs, s'il en résulte quelques charges pour nos Sujets, ils sentiront sans doute que nous voulons leur épargner, par ce moyen, des faux frais qui leur seroient infiniment plus couteux. D'un autre coté, nous ferons en forte que nos Officiers supérieurs & subalternes trouvent dans la prompte expédition des affaires, autant d'avantages

qu'ils en trouveroient en les faifant traî-
ner ; & nous tâcherons de concilier cette
vive expédition avec l'examen férieux de
chaque affaire. Nous fentons que cet objet mérite d'autant plus notre attention,
qu'il eft plus délicat & plus difficile de
le remplir dans toute fon étendue.

ARTICLE XXV.

De grandes & importantes confidérations nous engagent à ordonner que dorénavant il n'y aura plus dans nos Cours,
Compagnies & Tribunaux Laïques aucun
Confeiller-Clerc ; mais que vacance arri-
vant des Charges dont font actuellement
pourvus les Eccléfiaftiques, ils feront
remplacés par des Laïcs ; l'efprit de l'E-
glife n'étant pas que ceux revêtus du
caractere facré de la Prêtrife, fe livrent
abfolument aux foins des affaires fécu-
lieres & temporelles. Si la difficulté de
trouver hors du Clergé des gens inf-
truits dans les Langues favantes & dans
tous genres d'étude a fubfifté autrefois,
elle n'exifte plus. Si jadis le Droit cano-
nique a été le Droit commun, il ne l'eft
plus, & l'on ne peut voir qu'avec quelque
forte de peine la même perfonne réunir
fur fa tête les honneurs de la Magif-

trature, & des dignités ecclésiastiques auxquelles sont attachées des fonctions qui
exigent du moins une assiduité constante
aux Offices : de pareils Magistrats se
croient autorisés à négliger un de ces deux
genres d'obligations, pour suffire à l'autre.
Nous voulons donc qu'il ne soit plus admis de Prêtres ni de Clercs , que dans
les Officialités & autres Tribunaux vraiment Ecclésiastiques. Nous interdisons
aussi les fonctions d'Avocat en Cour
Laïque, à tous ceux qui auroient eu l'honneur d'être promus aux Ordres sacrés.

N'entendons cependant priver les Evê-
ques & autres personnes constituées en
dignités ecclésiastiques , des séances honorables dont elles sont en possession
de jouir dans nos Cours supérieures &
autres Tribunaux , & qui n'exigent aucun
travail assidu.

Article XXVI.

Trouvant tout-à-fait convenable que
les causes réelles de nos Sujets soient
jugées dans les Provinces où sont situés
les biens & les terres contestés , & où
les successions sont ouvertes, & que les
causes personnelles soient décidées au
lieu du domicile ordinaire de celui à qui

l'on demande, ou, fuivant les circonftances, dans le lieu même où fe font
commis les délits, & où la preuve peut
en être plus aifément acquife ; nous
profcrivons toutes attributions extraordinaires en vertu defquelles les caufes &
les Parties feroient attirées de Provinces
éloignées, dans la Capitale, ou dans
le lieu de notre réfidence. Nous réduifons les *committimus*, tant au grand qu'au
petit Sceau, aux faits de charges & aux
affaires purement perfonnelles réfultantes
des fonctions qui y font attachées, bien
entendu qu'elles s'exercent fous nos yeux
ou fous ceux de nos principaux Officiers.

Nous voulons que toutes nos Provinces jouiffent à cet égard des mêmes
priviléges dont quelques - unes d'entre
elles font en poffeffion, & auxquelles
d'autres prétendent.

Article XXVII.

Nous nous propofons d'admettre très-
difficilement les Requêtes en caffation, qui
obligent notre Confeil de s'occuper lon-
guement d'affaires déjà jugées en dernier
reffort : nous ne refuferons point cependant de faire examiner les Arrêts fur lefquels il nous feroit porté des plaintes

dont l'objet nous paroîtroit digne d'attention. Alors nous chargerons un nombre borné de Commissaires, tirés de notre Conseil, d'entendre le rapport d'un de nos Maîtres des Requêtes, & de nous donner ou à notre Chancelier, dans un court délai, leur avis sur la régularité de ces Arrêts, ou la nécessité de leur cassation. Dans le cas où celle-ci seroit jugée indispensable, & où le fond de l'affaire devroit être renvoyé à un autre Tribunal, ce sera à notre Grand-Conseil, dont nous conserverons l'établissement principalement pour cet effet, bien entendu que les Charges cesseront d'en être vénales, & que, renonçant à toutes les attributions proscrites par l'Article précédent du présent Edit, il ne s'occupera que des affaires que nous lui renverrons particuliérement, & les instruira & les jugera sous la présidence de quelques-uns de nos Conseillers d'Etat & Maîtres des Requêtes : ceux-ci n'auront plus d'autre Tribunal ordinaire, notre intention étant qu'ils renoncent à la Jurisdiction des Requêtes de l'Hôtel, dans laquelle ils jugeoient, sauf l'appel au Parlement.

A R T I C L E XXVIII.

La forme dans laquelle fe tient notre Confeil des Parties, nous paroiffant avoir befoin de changement & de réforme, nous nous propofons de borner le nombre de ceux qui y affiftent & qui y opinent, aux Commiffaires & aux Rapporteurs qui auront été défignés par notre Chancelier, pour examiner les affaires qui y feront portées. Nous voulons que tous ceux qui affifteront à ce Confeil, foient affis avec les diftinctions convenables à leurs rangs ; nous profcrivons la vénalité & les brevets de retenue pour les Charges de Maîtres des Requêtes, & pour tous les autres Offices, Emplois & Commiffions qui donnent le droit d'affifter à nos Confeils: que la minute de tous les Arrêts qui émaneront de ce Confeil, foit fignée de tous ceux qui y auront affifté ; qu'il foit tenu un Regiftre des différentes opinions, afin que nous puiffions toujours connoître de quel côté a été la pluralité des voix, & de combien de voix l'opinion adoptée l'a emporté fur celle rejetée. Notre Chancelier continuera d'avoir la voix prépondérante en cas de partage, bien entendu que ni cette pluralité, ni cette prépondérance n'auront lieu que dans les Conseils où nous n'assisterons pas en personne, étant de principe dans la Monarchie, que les Conseils du Roi ne font que consultatifs, lorsqu'il y assiste en personne, & que lui seul peut & doit faire l'Arrêt ou même la Loi, après avoir écouté attentivement & résumé l'avis de ses Conseillers.

ARTICLE XXIX.

Nous défendons expressément à nos Secrétaires d'Etat & Greffiers de nos Conseils, d'expédier aucuns Arrêts qui paroissent émanés de nos Conseils, s'ils ne font assurés que la matiere a été discutée & délibérée par un certain nombre de nos Conseillers, ne voulant jamais nous en rapporter à un seul.

Quant aux ordres qui s'expédient en notre nom, & qui tendent à priver quelques-uns de nos Sujets de leur liberté, & à les éloigner de leur état ou de leur domicile ordinaire, nous ne voulons point qu'il en soit donné sans une approbation précise de notre main, que nous n'accorderons jamais que sur le rapport au moins d'un de nos Ministres, Secrétaires ou Conseillers d'Etat, qui nous en garantira la justice & la nécessité, & signera fur la feuille qui nous fera préfentée.

A R T I C L E XXX.

La gloire & la grandeur de la Nobleſſe de notre Royaume, qui nous eſt ſi chere à tant de titres, conſiſtant bien plus dans le ſouvenir des ſervices que nous ont rendus ſes ancêtres, & dans le mérite de ceux qu'elle nous rend elle-même, que dans le vain honneur de jouir de certaines exemptions qui n'empêchent pas les Nobles de partager avec le reſte de nos Sujets le poids des impoſitions, & qui, ſi elles avoient plus d'effet, ſeroient injuſtes, puiſque la partie la plus pauvre & la plus laborieuſe de notre Nation ne pourroit pas ſupporter ſeule le fardeau peſant, mais néceſſaire des impôts; nous jugeons à propos d'abolir les diſtinctions établies entre les Nobles & les Roturiers, qui aſſujettiſſent ceux-ci à payer la taille, & en exemptent les autres, d'autant plus que notre intention eſt de rendre la taille réelle par toute l'étendue de notre Royaume, & d'abolir la taille perſonnelle.

Nous renonçons au droit de franc-fief, que l'on exigeoit ci-devant en notre nom, de ceux qui, n'étant point nobles, acquéroient des fiefs dans notre Royaume.

Nous entendons que les acquéreurs de ces terres , quels qu'ils foient, puiffent s'en mettre en poffeffion , en payant feulement les droits ufités & établis par les Coutumes des lieux dans lefquels ils font fitués. Nous voulons que les Loix des fucceffions & héritages foient réglées conformément aux difpofitions des mêmes Coutumes, fuivant la nature des biens , mais fans égard à la qualité des défunts poffeffeurs ou de leurs héritiers. Enfin nous réduifons tous les priviléges de notre Nobleffe à des droits purement honorifiques , & à la confidération réfultante d'une naiffance ancienne & illuftre , fans que ce genre de gloire puiffe jamais autorifer aucun acte de tyrannie, ni rien qui tende à la furcharge de nos Peuples.

Article XXXI.

Une nobleffe acquife à prix d'argent, ne pouvant procurer d'autres avantages que des prétentions aux priviléges que nous venons d'abolir, nous profcrivons l'ufage abufif qui s'eft introduit dans notre Royaume , d'attacher à des Charges vénales l'honneur d'une nobleffe tranfmiffible des poffeffeurs à leurs defcendans. Ainfi, fans vouloir dégrader ceux dont les peres ont acquis cette forte de noblesse, nous déclarons que la source en sera dorénavant tarie, ne nous réservant que le pouvoir attaché à notre Souveraineté, d'anoblir gratuitement ceux qui auront rendu à notre Etat ou à notre Personne des services dignes d'être récompensés par cette illustration ; nous voulons que ces services soient clairement énoncés dans les Lettres que nous ferons expédier en leur faveur.

Conformément à ce qui a dû toujours se pratiquer dans notre Royaume, aucun Gentilhomme ne pourra se qualifier Duc, Comte, Marquis, Vicomte ou Baron d'une terre en particulier, s'il n'en est possesseur, & descendant de celui en faveur duquel elle aura été décorée de quelqu'un de ces titres honorables. Ceux qui posséderont la terre, mais sans descendre de celui pour qui elle aura été érigée, ne pourront prendre que le titre de Seigneur du Comté, Marquisat, &c. Nous nous réservons cependant de rendre les titres de Comtes, Marquis, &c. héréditaires dans les Maisons & familles de la plus haute & ancienne Noblesse de notre Royaume, indépendamment des terres, mais en attachant cette distinction à leur nom. Si nous faifons cette grace à des familles d'une nobleffe moins ancienne, ce ne fera que pour récompenfer des fervices éminens, qui feront énoncés & fpécifiés dans les Lettres que nous leur ferons expédier.

A R T I C L E XXXII.

Nous n'exigerons & ne fouffrirons qu'il foit exigé pour aucune Charge, Office & Emploi ayant part à la Juftice ou à l'Adminiftration, aucune preuve de nobleffe; & les honneurs qui peuvent être attribués à ces places, ne feront jamais tranfmiffibles aux enfans de ceux qui les auront remplies. Cependant nous fommes bien éloignés de penfer qu'aucune de ces Charges, Emplois ou Commiffions doivent emporter avec eux aucune dérogeance; nous défirons au contraire infpirer à la Nobleffe de notre Royaume le défir de les remplir, mais fur-tout nous ne voulons les accorder qu'à ceux qui les auront mérités par leurs vertus, leurs talens & leur application. Nous ne prétendons pas même que les emplois les plus fubalternes, ou le commerce en détail, entraînent pour les anciens Gentilshommes d'autre dérogeance qu'une fufpenfion paffagere de leurs titres honorables, dont leurs enfans rentreront en possession, si-tôt qu'ils pourront se retrouver dans un état plus analogue à leur naissance.

Nous laisserons d'ailleurs subsister les Réglemens déjà faits concernant les preuves de ceux qui se présentent pour entrer dans nos Ordres de Chevalerie, ou pour remplir les principaux Offices & Emplois de notre Maison militaire & domestique; & nous ne voulons rien innover quant aux honneurs de notre Cour, notre intention étant de conserver soigneusement ce qui peut en augmenter l'éclat & la majesté, sans porter la plus légere atteinte au bonheur de nos Peuples.

ARTICLE XXXIII.

Nous nous proposons de créer un Tribunal particulier, composé de membres de notre principale Noblesse, de personnes constituées dans les plus éminentes dignités de notre Etat, & de gens savans dans la connoissance & la vérification des anciens titres, lesquels seront autorisés par nous à juger de la validité de ceux de noblesse qui leur seront présentés, & de fixer le degré de confiance que l'on peut y accorder. Ce sera dans ce même

Tribunal

Tribunal que feront enregiſtrées & publiées les Lettres de nobleſſe que nous jugerons à propos de donner, & les titres honorables dont nous décorerons les Gentilshommes de notre Royaume, en obſervant d'y inſérer les motifs qui nous auront déterminés à les en gratifier.

Le dépôt de tous les titres de ce genre ſera ſous la direction & ſoumis à l'inſpection perpétuelle des Membres de ce Tribunal.

Article XXXIV.

Nous perſiſtons dans la juſte réſolution priſe par les Rois nos Prédéceſſeurs, de n'accorder aucun Office de Judicature qu'à ceux qui font profeſſion de la Religion Catholique, Apoſtolique & Romaine, ſeule dominante ſous notre protection dans notre Royaume. Nous confirmons & renouvelons en tant que de beſoin, les Edits & Déclarations ſur cet objet ci-devant publiés & enregiſtrés ; nous en étendons même les diſpoſitions ſur toutes les places de quelque importance que nous nous propoſons d'établir, & auxquelles nous voulons confier le ſoin de la Police & des Finances de nos différentes Provinces ; regardant comme néceſſaire au bonheur

Q

de nos Peuples, que ceux qui sont chargés
de veiller à leurs intérêts, aient une façon
de penser uniforme en matiere de Religion ; celle-ci étant la base de la morale, dont le maintien est essentiel à la
tranquillité & au bonheur public. D'un
autre côté, entrant dans le véritable esprit de cette sainte Religion qui doit
s'établir par la persuasion & par la considération des avantages qu'elle procure,
& non par la persécution, les menaces &
la crainte des peines temporelles, nous
défendons à tous nos Juges, Officiers &
Administrateurs, d'user d'aucune violence
pour contraindre à l'embrasser, ceux qui
auroient le malheur de n'être pas convaincus des vérités qu'elle nous enseigne.
Nous voulons au contraire les laisser vivre
paisiblement dans l'état de simples Citoyens soumis à notre autorité, aux Loix
de notre Royaume, & à l'Administration,
à laquelle ils ne participeront qu'en payant
les charges qui leur seront imposées
comme à nos autres Sujets. Nous établi-
rons des formes purement légales & nullement ecclésiastiques, au moyen des-
quelles la légitimité de leurs mariages &
de leurs enfans sera suffisamment établie ;
& le partage de leurs biens & successions

sera fait conformément aux Loix, Ufages & Coutumes de la Province où leurs biens feront fitués & leurs perfonnes domiciliées. Nous voudrons bien même tolérer qu'ils faffent des actes de leur fauffe Religion, mais fans éclat extérieur : fi le nombre d'entre eux étoit affez confidérable dans quelque ville, pour que ces affemblées devinffent nombreufes, nous y enverrions des Commiffaires de notre Etat, non pour les troubler, mais pour empêcher qu'il ne s'y faffe rien de contraire à notre autorité ou à la tranquillité publique, & que la Religion dominante n'y foit infultée. Nous aurons également attention à ce qu'ils ne faffent rien imprimer qui tende à diminuer le refpect de nos Peuples pour elle. Nous nous propofons de punir, fuivant l'exigence des cas, ceux qui contreviendroient à nos Réglemens à ce fujet, & fur-tout de févir contre ceux qui oferoient attaquer les grands principes de la Religion Chrétienne, tenter ainfi d'altérer les fources les plus pures de la bonne Morale.

CHAPITRE VIII.

Effets qui doivent réfulter du plan ci-deſſus proposé.

IL n'eſt guere poſſible de douter que l'exécution d'un plan dont l'objet eſt de rendre le Roi plus puiſſant & les Sujets plus heureux, ne produiſe les meilleurs effets; mais l'accompliſſement d'un projet ſi étendu ne peut pas être rapide, & le bien qui doit en réfulter n'eſt pas de nature à être tout-à-coup ſenſible. Cependant l'idée conſolante que ce plan offre à la premiere lecture, ne ſeroit-elle pas capable de diſpoſer les eſprits à connoître, à adopter leurs véritables intérêts, & à s'empreſſer d'y concourir ? Oſons l'eſpérer. Ce que nous venons de propoſer n'eſt point un changement de Gouvernement; ce ſont les vrais principes de la Monarchie, bien développés, bien entendus & bien ſuivis.

Un Roi digne de l'être, écoutera les intérêts de ſes Peuples, n'aura point d'autre organe pour les connoître, que leur voix même, & n'emploiera d'autre reſſort, pour les suivre, que leur libre activité. Ce n'est point par des largesses onéreuses à l'épargne, qu'on gagne les cœurs. Les Empereurs Romains accoutumerent trop la populace à des distributions de pain, de viande & d'huile : on la plonge par-là dans la fainéantise, ou bien on prépare des révoltes qui éclatent aussi-tôt qu'on ne sauroit plus fournir à ces énormes libéralités. Les plus sinceres intentions ont plus souvent satisfait, que les effets mêmes. Le regne de Louis XII en est un exemple ; &, quoi qu'il arrive, un grand talent pour gouverner, c'est de convaincre le Public qu'on désire véritablement son bien.

J'ose dire que la Science politique de l'intérieur des Etats est retombée dans l'enfance, depuis qu'on ne connoît plus, pour procurer l'abondance, que ces deux termes, ou vides de sens, ou peu entendus par ceux qui en parlent le plus, *circulation & crédit*. Ce sont-là des effets & non des causes d'abondance. Dans un Etat bien gouverné, l'argent circulera toujours de reste ; mais de vouloir procurer une vaine circulation à l'argent & aux effets qui le représentent, sans qu'elle provienne d'une confiance naturelle, d'un besoin d'affaires, ou d'un commerce mutuel, c'est

Q iij

comme de donner la fievre au malade pour l'animer. Telle feroit auffi la folie d'un petit Souverain qui, ayant remarqué que les rues d'une grande ville font toujours remplies d'un peuple innombrable qui va & vient pour fes affaires, croiroit que toute la force des villes confifte dans ce concours tumultueux, & obligeroit fes Peuples, par une Ordonnance expreffe, à aller toujours par les chemins.

L'idée qu'on a du crédit public ou particulier, eft encore plus fauffe ; le crédit n'eft bon qu'à celui qui l'obtient ; les retards des payemens, dont les Banquiers profitent, font plutôt un mal qu'un bien. Des Citoyens habiles & diligens, tels qu'ils devroient être tous pour groffir le capital de l'Etat, trouvant chez eux confiance & juftice, ne laifferoient pas long-temps leur argent oifif. Quand on ne confidérera le crédit public que dans celui que nos Commerçans obtiennent fur les Étrangers, on ne gagnera jamais beaucoup en France à ce crédit-là, puifque nos Voifins ont l'efprit plus commerçant, plus banquier que nous, qui fommes naturellement affez diffipateurs. Plût au Ciel que nous foyons long-temps fans avoir befoin de crédit ! & nous en trouverons alors tant que nous en voudrons. Il en eft des Etats comme des particuliers ; ceux qui demandent du crédit, font toujours ceux qui font le moins en état d'en répondre.

Que d'erreurs pernicieufes, que de fauffes conféquences publiques & légales, que de fyftêmes ruineux ont cependant dérivé d'avoir fait confifter tout le bien de l'Etat dans ces deux prétendues caufes, dont on ne devoit pas tant s'embarraffer pour bien faire ! Sans cette métaphyfique financiere qui défole la France depuis le miniftere de Colbert, on auroit vu plus clair fur l'état de nos Finances ; on ne fe feroit occupé, en temps de paix, qu'à maintenir la foi des engagemens antérieurs, & à économifer fur le revenu réel, fans s'abandonner à de vaines fpéculations & à contracter de nouvelles dettes ; on n'y auroit pas alternativement préféré l'intérêt des Débiteurs & celui des Créanciers, & brouillé ainfi toutes les fortunes.

On parlera toujours de rétablir les affaires ; on fe plaindra du Gouvernement préfent ; on frondera, on afpirera après de meilleurs temps : on regrettera le paffé ; & fouvent tout l'éloge qu'on lui accorde, confifte dans la critique du préfent. Mais par où fort-on des maux qui fe font fentir ? Qu'oppofe-t-on aux abus généraux ? Tout au plus quelques Réglemens particuliers, qui ne vont qu'à de minces objets dont on efpere peu , & dont les effets font encore au deffous de l'attente.

Il faut convenir de principes fixes & invariables, & j'en reviens toujours là, un des meilleurs feroit d'admettre davantage le Public dans l'Adminiftration : on verroit quels biens en réfulteroient. Des foins particuliers, pris par les Parties les plus intéreffées, doivent néceffairement rétablir les Finances par la voie la plus légitime & la plus défirable, qui eft l'augmentation des richeffes du Souverain, provenante de l'accroiffement de celle des Sujets.

Qu'on parcoure toutes les différentes parties des Charges de l'Etat, & tous les foins intérieurs dont le Miniftere s'eft chargé en France, l'on trouvera combien ils doivent tous profpérer par ce nouveau reffort, & combien il feroit heureux de le voir fuccéder à une négligence inféparable d'une trop grande étendue de ces foins.

La Monarchie fimple & abfolue fait quelquefois de grandes chofes. Séfoftris, par fa feule autorité, fertilifa l'Egypte, en rendit les communications aifées, créa ainfi un grand commerce intérieur, encouragea les Arts, & procura en même temps à fes Peuples l'aifance & la gloire. Louis XIV en a fait en quelque maniere autant en France. Leurs Peuples ont eu à ces Monarques les plus grandes obligations; mais ils ne les ont pas toujours fenties. D'où vient? C'eft que, lorfque la Monarchie agit feule ou par des fubalternes abfolument dépendans d'elle, on croit qu'elle ne travaille que pour le parfait établiffement de fon autorité, lors même qu'elle fait profpérer la Nation & qu'elle l'enrichit. On eft tenté d'être ingrat envers le Monarque, & de penfer qu'il n'engraiffe le troupeau, que pour le mieux vendre, ou pour le manger lui-même. Au contraire, quand il paroît s'en rapporter à fes Peuples, du foin de leur bonheur, en ne fe réfervant que celui de les empêcher de s'écarter du pâturage, on le bénit, on l'aime; & pour foutenir ma métaphore paftorale, on voit bien qu'il eft le chien du troupeau, & on ne le foupçonne pas d'en être le loup.

La Démocratie, dirigée & guidée par l'intérêt commun, porte à agir chacun

en droit soi par des vûes raisonnées &
réglées, prises en société. Voyez la Hollande, ses digues, ses canaux, ses édi-
fices publics ; personne n'en souffre, tous
en jouissent ; leur entretien & leur du·
rée se continuent comme la Nature même,
& jamais les vûes d'utilité ne sont fausses.

Les ouvrages publics, par exemple, les
ponts, les chemins & leurs réparations,
les canaux qui multiplient les facilités
du commerce intérieur, comment tous
ces objets peuvent-ils être conduits par
une Régie immédiate qui s'étende de la
capitale aux extrémités d'un grand Royaume ? Soutiendra-t-on que dans cette direction le nécessaire soit toujours préféré à l'utile, & l'utile au superflu ? Peut-
on combiner, à chaque projet d'ouvrage,
les premiers intérêts généraux avec les
moindres de chaque lieu ? Est-il possible
de veiller de loin à l'entretien & aux
réparations essentielles, sans lesquelles
toutes ces dépenses ne servent au Public
que dans leur premiere nouveauté ? Quelle
chimere, que de prétendre à une attention infatigable, dont sera à peine capable
l'intérêt local de chaque Département !

Au contraire, au lieu d'éprouver des
difficultés pour le bon entretien des ou-

vrages publics, ne doit-on pas efpérer
que les Communautés libres d'agir, de
projeter & de conftruire, faifiront en
même temps le befoin de chaque article,
& les moyens d'exécuter à moins de frais :
tout fera fous leurs mains ; il ne leur
faudra plus un Arrêt du Confeil pour
réparer un mauvais pas ou reboucher un
trou ; ce qui menacera ruine, fera pré-
venu. La France eft peut-être le feul des
Etats Chrétiens où la police foit entiérement confiée à des Officiers Royaux,
qui ne répondent de rien aux Peuples,
& qui infultent plutôt qu'ils ne déferent
à leurs plaintes. C'eft de quoi l'on s'apperçoit, lorfqu'on voyage fur nos frontieres. Il eft inutile de demander où finit
le territoire de France ; l'état des chemins & de tout ce qui eft au Public en
fait affez appercevoir ; & comme tout eft
mode & tout eft exemple chez notre
Nation, il arrive que l'indolence des
Chefs infpire aux Particuliers la même
indifférence fur les intérêts publics ; cela
va jufqu'à l'éloignement. Un particulier
qui dépenfera cinquante mille écus à fa
maifon, fe refufe à employer deux pifto-
les à réparer la voie publique par où l'on
aborde chez lui. Le feu Duc de Lorraine

Léopold, en trois années de temps, a fait raccommoder tous les chemins de fon Etat ; ils font devenus un modele de perfection en ce genre. Il en chargea les Communautés, fous l'infpection & non fous le commandement de fes Ingénieurs. On commence en France à faire travailler par corvée aux ouvrages publics (*) ; mais par une malheureufe conféquence de notre Gouvernement préfent, tout ce qui eft deftiné au bien public fe tourne en fléau. Ces corvées font devenues une troifieme taille dans la campagne ; elles fe font fous les ordres des Intendans, des Subdélégués & des Officiers Royaux. Des Ingénieurs conduifent moins ces Ouvriers, qu'ils ne leur commandent comme à des efclaves. On les arrache de leurs maifons & à leurs travaux néceffaires ; on les mene fort loin de chez eux ; on les y tient long-temps ; on leur accorde, pour toute fubfiftance, la faveur de mendier leur pain aux heures du repas ; ceux qui s'exemptent, fe rachetent. Ainfi tous les Bas-Officiers s'enrichiffent encore de cette mifere.

Rien n'eft exagéré dans ce récit. A

____

(*) Vers 1750.

tous les nouveaux établiſſemens on trouvera les mêmes obſtacles ; tant que les
reſſorts du Gouvernement ne ſeront point
changés, on éprouvera les conféquences
d'une ignorance impardonnable des principes d'utilité commune. Combien de fois
les gens à leur aiſe ont-ils répété qu'il
faut des tailles arbitraires pour mâter
le payſan, ſans quoi il tomberoit dans
l'indolence & dans la révolte ; que les
habitans de certaines Provinces, telles
que la Normandie qui paye trente-ſept
millions au Roi, & reſte riche, ne travaillent beaucoup, que parce qu'ils ont
beaucoup de taille à payer ? Cette politique n'eſt ni profonde ni humaine ; on
attribue à la force des impôts, ce qui
vient du merveilleux courage des habitans.

Quand on raiſonne ſur quelque nouvel
établiſſement, on allegue, pour unique
motif, l'augmentation des droits du Roi :
tout eſt abſorbé dans ce point de vue.
A peine l'utilité publique eſt-elle admiſe
pour aller par-deſſus le marché de l'objet
fiſcal, maxime d'eſclavage & d'ignorance.
Plus cependant on conſidere le Monarque relativement à ſes Sujets, plus on
reconnoît qu'il eſt l'homme du Peuple, &
non le Peuple la choſe du Roi.

D'après des principes plus justes & plus sages, les deux objets se trouveront remplis, & ne se contrarieront jamais ; la tyrannie disparoîtra, & la paternité commencera. Le pere trouve sa gloire dans la bonne conduite de sa famille ; voilà véritablement ce que le Monarque est à ses Sujets.

Chaque article de police & de dépense royale a en France ses Chefs séparés, résidans dans la capitale ; ils ont leurs Officiers Généraux dans les Provinces. Cela forme autant de régies générales & distinctes, ressemblantes à autant de Monarchies accumulées les unes sur les autres dans le même lieu, & toutes sujettes aux mêmes inconvéniens, infidélité & négligence.

Quand on a voulu remédier à la mendicité qui est si importune en France, on n'a jamais imaginé que des hôpitaux généraux pour renfermer de gré ou de force tous les Mendians, & ces grandes maisons sont encore desservies comme tout ce qui appartient à la Monarchie, c'est-à-dire, à grands frais, & à grands profits pour les Officiers Administrateurs, tandis qu'on pourroit faire bien davantage, à bien moins qu'il n'en coute en revenus abandonnés à ces maifons. On pourroit renvoyer les Mendians dans les villages où ils font nés ; on chargeroit chaque Communauté d'une certaine étendue, d'un certain nombre d'enfans trouvés ; on aideroit, par une modique penfion, les incurables & les invalides.

Mais, pour cela, il faudroit que les villages ne fuffent pas déferts, & que leurs habitans ne fuffent pas eux-mêmes des Mendians.

Le travail que chacun fait pour fa propre utilité, paroît toujours moins pénible & moins confidérable, & il eft mieux fait. Les travaux généraux ne s'exécutent que par des refforts trop étendus & trop compofés, pour être parfaits ; ils font du moins fujets au relâchement. Les conféquences de ce principe s'étendent bien loin en politique ; on n'y réfléchit pas affez.

Il eft certainement à défirer que les Provinces foient peuplées, que la politeffe y regne, que l'argent y circule. Eh bien ! le contraire arrivera, & le mal augmentera, tant que la Capitale ne fera que s'accroître chaque jour des dépouilles des Provinces.

Mais comme nous vivons dans le fiecle

des probabilités & des paradoxes, on soutient souvent qu'il est bon que les choses
soient ainsi, & il semble que les Provinces ne soient faites que pour servir à
la grandeur du Monarque, & entretenir
le luxe de la Capitale. C'est mettre en
principe que les obstructions sont bonnes
dans le corps humain : mais au contraire,
quand toute la substance & les humeurs
s'amassent dans une seule partie, il arrive
aux autres de se dessécher & de périr.

Il en est de même de notre Royaume.
Il seroit fort à souhaiter que les Nobles &
les riches ne dédaignassent plus le séjour
des Provinces ; qu'ils résidassent plus volontiers dans leurs terres & dans les villes
qui en sont voisines. Les moyens à y employer sont de longue haleine ; ils ne
peuvent venir que d'un principe de Gouvernement moral, qui tendroit à déraciner
peu à peu l'ambition à prix d'argent, &
qui ne présente plus dans les Emplois
que des travaux utiles, & par-là honorables avec moins de profits étrangers à la
chose publique, & moins d'honneurs frivoles.

En attendant ce grand changement
dans les mœurs de la Nation, réglez
mieux les Départemens, aussi bien que
les

les Emplois principaux dans les Provinces, vous en ferez autant de centres de dépenses, & vous releverez infiniment leur séjour.

Un autre avantage à tirer de la multiplication des Départemens, est d'affermer les revenus du Roi par Province plus que par affaires. On obligeroit les Régisseurs à résidence; l'intrigue & l'agiot qui les retiennent à Paris, cesseroient de s'opposer à leur véritable intérêt qui les appelle au lieu de leur exploitation; & par cette dispersion des Financiers, leur fortune, s'ils pouvoient en faire, seroit au moins consommée sur les lieux.

Peu à peu les Chefs de chaque Département proposeroient des arrondissemens de territoires, par échange des enclaves, en suivant les bornes qu'indique la Nature; & rien n'apporteroit autant de commodités & d'ordre, que ces nouveaux arrangemens. On y a souvent songé, mais on a toujours voulu les faire par la voie d'un travail général, forcé & hérissé de difficultés, d'oppositions & de discussions; au lieu que tout s'applanit, lorsque les hommes conferent librement sur leurs véritables intérêts; ce qui embarrassoit auparavant, vient alors s'offrir de soi-même.

R

Quand cette espece de Démocratie
sera employée, on sentira bien mieux quel
est le bon ou le mauvais usage de nos Loix,
quels Réglemens sont superflus ou nuisibles, quelles sont les regles qui favorise-
roient mieux le plus grand nombre de citoyens, & quelles sont celles qui, ayant
été dictées, dans leur origine, par le
plus petit nombre, alors le plus accré-
dité, doivent être changées pour l'intérêt
général.

Nous supposons les gens de la campagne nés pour la mal-propreté & la
grossiéreté ; nous attribuons à l'exagéra-
tion romanesque & à l'illusion poétique,
l'idée des Bergers galans & des Villageoi-
ses gracieuses ; cependant s'il n'en existe
plus de tels que l'on nous a peint ceux de
la Thessalie, ils sont encore propres, simples & heureux en Hollande & dans certaines parties de l'Allemagne. C'est l'op-
pression qui a défiguré la Nature, comme
nous le voyons dans quelques Monarchies.

Nos lumieres naturelles sont souvent
troublées. Nous sentons des incommo-
dités qui ne nous sont pas expliquées,
& nous nous entêtons pour nos maux.
Un grand bruit de chaînes nous étourdit,
une vapeur nous offusque. Le séjour des

villes devroit nous paroître monſtrueux : des campagnes pavées, un ciel de pierres ou de bois, des marchés pour jardins, & des jours artificiels, tout y contribue à éteindre la voix de la Nature.

> La ville eſt le ſéjour des profanes humains :
> Les Dieux habitent la campagne.

Si nous conſidérons nos Loix civiles, faites pour les ſucceſſions, nous reconnoîtrons bientôt que quantité de diſpoſitions légales, concernant l'ordre des familles, n'ont jamais été ſuggérées que par l'avidité & par l'orgueil ; que bien éloignées de prévenir les conteſtations, elles les fomentent ; que la plupart des droits avantageux & de préciput engendrent l'envie & non l'émulation entre les freres ; que tout cet amas de titres & de dignités ne va qu'à rendre un héritier négligent & impertinent, & que les ſtipulations profitables, ſi requiſes dans les mariages, ſont fondées ſur une avarice mal entendue, & banniſſent des familles la confiance & l'union.

Les gens riches, toujours fainéans par goût & par état, n'ont cherché que la ſûreté dans la poſſeſſion des terres. Ils conviennent de la médiocrité du produit de leur capital dans l'emploi en fonds de terres ; mais la prudence consulte la solidité.

La subtilité financiere des Ministres tyranniques a déconcerté les mesures prises pour les autres natures de biens, & par-là elle fait de plus en plus recourir aux terres ; mais est-ce pour les cultiver soi-même, pour les améliorer ? Non; c'est pour les laisser dépérir, ou pour les vendre plus avantageusement qu'on ne les a achetées.

La réduction des rentes sur l'Hôtel-de-Ville, & le systême de Law en 1720, avoient dégoûté des rentes : auparavant, les riches habitans des villes commençoient à vendre leurs terres pour des rentes. Depuis cette époque, on avoit perdu la confiance qui faisoit préférer les contrats aux terres. D'autres opérations de finances ont confirmé les esprits dans ce dégoût, ou plutôt dans l'appréhension de la culbute des fonds publics. D'ailleurs la vanité bourgeoise se nourrit mieux par les différens titres qu'attribuent les terres, que par le produit clair des contrats; mais elle ne s'occupe pas davantage du soin de de les faire valoir. Quelques voyages qu'on fait dans ses terres, engagent à des dépen-

fes de luxe qui flattent, ou à de fauffes
améliorations, fruits d'une économie mal
entendue. Nos peres habitoient leurs domaines ruftiques, & fe contentoient de
leurs antiques maifons. Nous ne les habi-
tons plus, & nous les ajuftons avec une re-
cherche fuperflue, ou nous faifons des
plans d'embelliffemens & d'améliorations
que nous ne fuivons pas.

Rien n'eft fi vrai, que le plus grand
dommage qui puiffe arriver à un champ,
eft celui de n'être pas cultivé par fon
Propriétaire ; & plus ce défaut fe multi-
plie, plus l'effet en eft miférable.

Un Métayer rend à un Fermier, &
celui-ci à un Receveur général qui rend
à un Maître. Que de mains par lefquelles
paffe le produit, & combien s'éloigne
par-là cet efprit de propriété, cet œil
de Maître qui profite de tout, qui voit
tout, & qui fait tout fructifier par un intérêt direct & prochain ! Confidérez la
différence de culture dans les vaftes terres
d'un grand Seigneur, & dans l'étroit hé-
ritage d'un Payfan ; cette différence va
au moins à quatre pour un, & l'abondance générale dépend de là.

Appliquez ces principes à l'exécution,
tirez-en toutes les conféquences, conve-

nez ou difconvenez qu'il foit poffible d'en faire un ufage parfait en France; ils n'en font pas moins vrais en eux-mêmes , & toute autre maxime fur cette matiere n'eft qu'illufion. Il s'enfuit donc néceffairement de ces obfervations, qu'il feroit à fouhaiter que tous les domaines de la campagne ne fuffent poffédés que par ceux qui les cultivent eux-mêmes, ou qui du moins s'occupent férieufement du foin d'en tirer le meilleur parti. Eh ! qu'eft-ce qui peut les y engager davantage, que l'affurance de voir toute une Province réunie pour cet effet, & d'avoir eux-mêmes voix en chapitre, pour opérer un fi grand bien?

Voilà certainement ce que prouvera la Démocratie, fi elle eft jamais admife jufqu'à influer fur l'Adminiftration. Il ne faut rien diffimuler à la Nobleffe & aux Seigneurs ; ils ne gagneront à cet arrangement aucune augmentation d'autorité, ni même de confidération ; mais en qualité de Propriétaires, ils en tireront des avantages plus réels.

Qu'ont befoin nos Rois de la poffeffion immédiate, & même d'une féodalité purement feigneuriale fur tant de fiefs , avec une fouveraineté fi décidée fur leurs

Sujets, & qui emporte tout ? De quelle utilité leur est cette quantité de domaines foi-difant utiles, fi mal régis au nom d'un puiffant Souverain ?

Nos premiers Rois vivoient de leurs terres ; mais ils n'avoient pas entrepris encore de porter tout le fardeau de l'État comme aujourd'hui ; il leur falloit un domaine utile, réel ; il n'y avoit point alors de domaine fictif : mais à quelle fin conferve-t-on à préfent les titres domaniaux de la Couronne, fi ce n'eft contre l'ufurpation des Couronnes voifines ? A cet égard, le meilleur titre eft la poffeffion, & les feuls inftrumens font nos armes : les autres titres font utiles pour affurer l'état des Particuliers. C'eft un dépôt public. Mais l'ufage des titres du Roi fur les terres, ne fert qu'à nourrir une multitude d'Officiers Royaux, uniquement intéreffés à tourmenter les patrimoines voifins des domaines de la Couronne ; recherches odieufes, & formes tyranniques de procéder.

L'exigence du droit de franc-fiefs ne fert qu'à gêner le commerce libre des terres, & il eft à fouhaiter qu'il ne le foit pas.

Peut-être qu'en matiere de bois & de

forêts on réformeroit une quantité de Réglemens de Police, sur lesquels il faudroit appeler des principes aux effets. On trouvera sans doute qu'il est plus à propos, pour le bien du Royaume, de s'en rapporter entiérement à l'administration des peres de famille, des Juges, tuteurs naturels des mineurs & des Communautés, au lieu de les gêner dans leurs vûes, ou de les forcer, sous prétexte de police, à payer de gros droits à des Officiers vénaux. Il arrivera sans doute que les particuliers, au milieu d'une sage abondance, entendront mieux leurs intérêts que ces Officiers, & préféreront plus ordinairement la conservation à la destruction.

Quand on dit que le Royaume manqueroit de bois, songe-t-on que la navigation nous rapproche des pays incultes qui nous en offriroient toujours pour la marine & pour les autres charpentes & menuiseries ? On pourvoira aisément au chauffage, à quelque degré que la mollesse des villes ait augmenté cette consommation, en cherchant les moyens d'économiser le bois & de purifier le charbon ; l'on aura constamment, pour l'agrément des héritages, des bois & des avenues ; & d'ailleurs l'appât du profit engage nécessairement à entretenir ce qui se vend bien. Mais la meilleure Police a été oubliée sur les bois ; ce seroit d'obliger, puisqu'il faut contraindre, à couper les bois qui ont pris leur âge, qui ne profitent plus, & que la terre nourrit inutilement à chaque séve. On commet en cela la même faute économique, que si on laissoit la moisson sur pied après le mois d'Août.

Par l'heureuse confiance qui naîtra de la liberté, le pere de famille préférera le profit solide d'améliorer ses terres, aux richesses casuelles du coffre-fort ou du gros porte-feuille ; il placera son argent à chetel, au lieu d'en acheter des fiefs vains pour lui, & nuisibles aux autres.

Aujourd'hui (*), dans la conduite de nos manufactures, on écoute plus les intérêts du Public vendeur, que du Public acheteur, & c'est-là une des grandes sources du dépérissement du commerce ; car, dans l'ordre politique, le profit de ceux qui servent doit être subordonné au besoin de ceux qui demandent. On oblige, par exem-

---

(*) On s'appercevra aisément jusqu'à la fin de ce Chapitre, que l'Auteur écrivoit il y a plus de trente ans, & qu'on a déjà profité de ses idées jusques à un certain point.

ple, les citoyens, & fur-tout les plus pauvres, à ne s'habiller que d'étoffes du cru,
plus mauvaifes, moins durables & moins
agréables que celles qu'il trouveroit ailleurs.

On croit avoir accompli toute œuvre
politique, & avoir avancé une maxime
inconteftable, quand on a répondu fur
cela, qu'il faut occuper tant d'ouvriers
dans les Provinces, qu'il faut fe paffer
des Etrangers, & empêcher l'argent de
fortir du Royaume.

Mais feroit-il impoffible d'établir que
dans un pays fertile & bien gouverné ,
on n'eft jamais embarraffé de l'occupation des habitans ; que la moiffon y eft
toujours plus abondante que les moif-
fonneurs ne font nombreux ; que les
ouvriers doivent toujours aller au plus
utile , afin d'augmenter le cápital de
l'Etat ; que ce capital augmente ou di-
minue , felon qu'on vend plus cher aux
Etrangers les chofes de la même efpece
qu'on tire d'eux à meilleur compte, pour
les confommer chez foi ?

Le commerce étranger ne fe foutien-
dra jamais que par des befoins réciproques ; jamais il n'ira mieux , que quand
toutes les portes feront ouvertes. A

qui convient plus cette maxime, qu'à la France, où la Nature & les Arts difputent de fécondité ?

Le calcul décide des profits du commerce ; mais ce calcul veut être libre & foumis aux feuls intéreffés. Si l'on tremble fur la fortie des denrées effentielles à la vie des hommes, dont la privation caufe des révoltes, & dont le monopole eft réputé fi coupable, la queftion fe réduit fur cela, à favoir fi nous manquons jamais d'air & d'eau, fur-tout dans les endroits où il eft plus libre d'entrer & de fortir. Toutes les précautions, pour le conferver par artifice, ne tendroient qu'à en diminuer la falubrité. Qu'on laiffe donc faire, & il n'arrivera jamais de difette de blé dans un pays où les ports feront ouverts. Les Étrangers, par l'appât du gain, préviendront nos befoins, & feront par-là ouvrir les magafins des monopoleurs, mieux que les Ordonnances & la perquifition des Officiers de Police.

S'il s'agit des Loix fomptuaires, on trouvera, après un léger examen du cœur de l'homme, que ce qui défend la magnificence, en raffine le goût & irrite les défirs de l'habitant, qui ne veut pas paroître au deffous de ceux qui doivent être exempts de la prohibition. Accordons-nous avec nous-mêmes. La Politique défend le luxe , & la Politique exige la perfection des Arts. En voici la solution.

La magnificence devroit être réservée aux ouvrages publics, aux temples, aux palais, & à la Cour des Rois ; elle devroit être bannie de chez tous les particuliers qui ne font chargés d'aucune repréfentation par état, & chez qui il ne devroit régner qu'économie , propreté & commodité. Par une telle diftinction, les Arts feroient mieux encouragés ; ils ne feroient point livrés au caprice des gens riches & de mauvais goût, & par-là les mœurs, qui valent bien les Arts , feroient perfectionnées.

C'eft ce qu'on pratiquoit dans les bons temps de la Grece & de Rome, & c'eft ainfi qu'ils nous ont laiffé d'auffi nobles monumens de leur grandeur , qu'il en reftera peu dans l'avenir de notre fombre profufion.

En avançant cette maxime , j'ai fait une fatire contre le fiecle préfent, qui pratique précifément le contraire. Mais laiffons fur cette matiere la réforme naître naturellement de l'abus de la chofe , des réflexions de ceux qui en usent, ou, si l'on veut, de leur inconstance & de leur légéreté naturelle; on se dégoûtera du luxe, & notre Nation en reviendra plutôt quand elle ne sera point gênée, que si on la gêne à cet égard.

Le Ministere Financier de ce siecle a enchéri mal-adroitement sur les moyens qu'avoit employés Colbert pour faire prospérer nos manufactures. Qu'en est-il arrivé? il a excité l'envie de nos voisins. Ils se sont empressés à nous imiter ou à nous surpasser; ils sont parvenus même à nous faire désirer les productions de leurs fabriques, tandis qu'ils recherchoient celles des nôtres : nous avons voulu gêner l'entrée des unes, ils ont proscrit les autres, & nous avons dû reconnoître la vérité de cette axiome, que *plus on veut attirer l'argent, plus il s'écarte.* Croyons plutôt que *le travail assidu & la parfaite liberté sont les deux grands ressorts du commerce.*

CHAPITRE IX.

Objections & réponses.

LA premiere objection à laquelle je dois m'attendre , c'est que le plan que je propose éprouvera de grandes contradictions de la part de plusieurs classes entieres de Citoyens illustres & distingués, qui croiront beaucoup perdre aux établissemens en question. Les uns se plaindront d'être privés de leurs prérogatives & d'une supériorité sur les ordres inférieurs, à laquelle ils sont accoutumés ; les autres possedent des Charges qu'ils s'imagineront que l'on veut dépouiller de leurs plus belles fonctions. Cependant j'espere qu'après y avoir bien réfléchi, on conviendra que dans l'exécution de ce plan, il y a plus à gagner qu'à perdre pour tout le monde ; que ceux dont je veux parler, en abandonnant quelques prétentions idéales & chimériques , retireront d'ailleurs de grands avantages comme propriétaires & possesseurs de terres , comme simples citoyens , & nécessairement assujettis aux charges publiques. En effet, de quel prix

n'eſt pas la ſûreté de ne porter de ce
peſant fardeau, que la portion qui doit
abſolument nous regarder, d'être témoins
du partage égal qui doit ſe faire entre
tous, des pertes & des profits, & d'avoir
même voix en chapitre pour ces importans objets? Quelle différence de payer
ce que l'on convient de devoir, ou d'être
pourſuivi pour le payement d'un compte
que l'on n'a point réglé ſoi même, &
dans lequel on ſoupçonne toujours de
l'injuſtice, même quand il n'y en a pas.
Il y a long-temps que l'on dit en France,
que *l'on n'eſt jamais mieux jugé que par
ſes Pairs.* Eh bien ! en ſuivant le plan
propoſé, nous le ſerons tous en matiere
d'impoſitions, & même de Police particuliere à chaque Province, à chaque Ville,
à chaque Canton.

Il n'y a en France qu'un Roi & des
Sujets, parce que c'eſt une Monarchie.
Mais la meilleure de toutes les Monarchies poſſibles, eſt celle où le Roi or-
donne, & où les Sujets s'entendent avec
lui & ſe cotiſent librement & volontiers,
pour entrer dans les vûes du Monarque,
de la maniere la moins onéreuſe pour
eux, & la plus utile à la Patrie. Or, pour
bien établir ce concert & cette intelli-

gence, faut-il donc qu'il y ait un ordre intermédiaire entre le Roi & le Peuple ? Non assurément. Cet ordre seroit un corps Aristocratique, & nous n'en avons pas besoin. L'autorité Démocratique n'a d'autre inconvénient, que d'être trop divisée pour se faire obéir. Il faut donc la régler, la diriger, & ce doit être par un esprit unique qui influe sur le corps entier de l'Etat, sans avoir d'autre intérêt que le général ; telle est l'autorité royale dans son principe & dans ses influences. Après tout, ceux qui pourroient avoir des prétentions au pouvoir Aristocratique, auront du moins quelque part à l'Administration Démocratique ; & peut-être que, toute réflexion faite, ils trouveront qu'il vaut encore mieux partager la juste & honnête liberté d'un Peuple bien gouverné, que d'aspirer à une tyrannie injuste dans son principe, incertaine dans ses effets, & souvent même dangereuse.

Je m'attends à une seconde objection, qui portera sur l'exécution de mon plan. Cette exécution sera longue & difficile. Il n'y a presque aucun article de ce projet de Réglement, qui ne demande des éclaircissemens, & qui ne donne lieu à plusieurs questions. Oui, sans doute : mais le principal

cipal eft d'adopter un fyftême, de diriger fes vûes en conféquence. Bientôt chacun fentira qu'il eft de fon intérêt de concourir à la réuffite d'un pareil projet, & toutes les difficultés s'applaniront. Il eft plus important & bien plus rare qu'on ne croit, dans les grandes affaires, de *favoir d'où l'on part & où l'on va*. La plupart des Gouvernemens fe font établis au hafard dans des temps de troubles, de conquêtes & d'ignorance. Ce n'eft qu'après bien des épreuves, fuites de divers accidens, que fe font formés les différens Etats de l'Europe. Mais dans un fiecle tel que le nôtre, éclairé par une longue expérience, par les réflexions & par la Philofophie, il eft temps d'adopter un plan d'adminiftration raifonné, auquel tout fe rapporte dans l'Etat, d'après lequel tout s'arrange & toutes les opérations foient dirigées. Alors ces opérations auront beau être multipliées, comme elles tiendront toutes à la même chaîne, toutes réuffiront.

Le Gouvernement de France n'a pas été plus exempt qu'un autre de ces variations dans les principes de la Monarchie. Ils ont paru cependant fixés fous le regne de Louis XIV ; mais comme

c'étoit uniquement en faveur du Monarque, & que le maintien n'en étoit confié
qu'à trois ou quatre Ministres quelquefois
assez fiers & assez durs, les Peuples s'y
soumettoient, mais n'y concouroient pas
& ne s'empressoient point à seconder le
Roi & ses Agens. Il en sera bien autrement, si le Peuple s'apperçoit que l'on
s'occupe sérieusement de son bonheur, &
qu'on veut même lui laisser une sorte de
liberté. Mais il faudroit qu'il fût assuré
que c'est tout de bon que le Roi a adopté
ces principes, & qu'ils sont consignés
dans son Conseil, pour y être suivis à
jamais. A cette occasion, je ne peux
m'empêcher de dire que c'est un grand
malheur, que depuis long-temps le Conseil
n'ait point paru avoir de plan fixe, & qu'il
n'ait pas même été assez réuni pour pouvoir en former un. Nous avons vu tantôt
des premiers Ministres, tantôt des Ministres particuliers, faire chacun dans leur
Département, des arrangemens qui quelquefois supposoient des plans : mais, ou
ces plans n'existoient point, ou du moins
on ne les connoissoit pas. Ils en faisoient
mystere : & cette réticence inquiétoit le
Public François, loin de lui inspirer la
confiance nécessaire. Bientôt ils éprou-

voient des difficultés & des contradictions, & personne ne s'empressoit à les
soutenir. Leurs confreres les traversoient
par jalousie, ou ne se concertoient pas avec
eux. Le Public tantôt les blâmoit, en
leur supposant peut-être des vûes plus
mauvaises que celles qu'ils avoient réellement, tantôt les plaignoit, étant per-
suadé qu'ils ne viendroient point à bout
de faire le bien qu'ils désiroient, & qu'ils
resteroient même trop peu de temps en
place pour cela : c'est ce qui arrivoit effectivement. Nous avons vu, depuis quelque temps, de fréquens changemens dans
les places du Ministere. Dans le grand
nombre de ceux qui les ont remplies,
il y a eu certainement des gens éclairés,
des gens sages, d'honnêtes gens ; il faut
convenir aussi qu'il y en a eu à vûes bor-
nées, à vûes fausses, à mauvaises intentions. Il ne faut pas s'étonner que les
uns & les autres aient été mis en place ;
on parvient & on réussit à la Cour par
toutes sortes de moyens ; mais ce qui
est surprenant, c'est que souvent on ne
les ait ni connus ni distingués, lorsqu'ils
ont eu (comme dit le Peuple) *la main
à la pâte.* On a confondu la bonne &
la mauvaise besogne, parce que l'on a

manqué de temps pour la reconnoître, & de principes d'après lesquels on ait pu la diftinguer. Eh ! comment pouvoit-on juger d'un travail qui n'étoit ni concerté entre tous les Miniftres qui devoient y concourir, ni difcuté dans aucun Confeil ?

Ce n'eft point un premier Miniftre qui manque à la France, encore moins un Roi qui faffe tout par lui-même ; ce font des principes convenus, c'eft un plan con-certé dans le Confeil du Roi & adopté par lui-même en parfaite connoiffance de caufe, qui embraffe toutes les parties de l'Adminiftration, & auquel le Monarque oblige tous fes Miniftres de fe conformer & de concourir. Il eft à fouhaiter que ce plan foit l'ouvrage d'un homme mort, afin que la jaloufie perfonnelle qu'il pour-roit infpirer, ne nuife point à fon exé-cution. On me répondra peut-être que l'on a vu bien des projets goûtés & ap-prouvés en France, tant par le Souverain que par le Public. J'en conviens : mais hélas ! en quoi confiftoit cette approba-tion ? Le Monarque y donnoit fon attache facrée par pure complaifance, & non par conviction : c'étoit l'ouvrage d'un feul homme en place, appuyé par quelques perfonnes en faveur, qui l'abandonnoient avec la même légéreté que le plan leur avoit été préfenté. Si ces projets étoient portés à quelques Confeils, ce qui fouvent n'arrivoit pas, ils n'y étoient point difcutés, & le confentement morne & filencieux que les opinans y donnoient, étoit plus propre à infpirer de l'inquiétude à l'Auteur, qu'à l'encourager. Le Public, toujours mal inftruit du fond de ces prétendus plans, les goûtoit d'abord, parce qu'il croyoit y entrevoir de bonnes intentions; mais aux premieres difficultés il s'imaginoit tout le contraire. Enfin ces malheureux projets échouoient, n'étant garantis ni foutenus par qui que ce foit, faute d'avoir été d'abord critiqués & examinés. Dailleurs tous les plans dont je viens de parler étoient partiels, c'eft-à-dire, qu'ils ne portoient que fur une partie de l'Adminiftration. Cependant, tant que nous n'en aurons pas un qui l'embraffe tout entiere, nous n'aurons rien. Depuis long-temps nous voyons les projets de Finance les plus économiques renverfés par les dépenfes exceffives & mal réglées qu'exigent les Miniftres des différens départemens, ou les projets conçus par ceux-ci, avorter par la faute de la Finance. La condition du Miniftre des

Finances eſt devenue bien malheureuſe :
il faut abſolument ou qu'il ſoit le tyran
des autres départemens , en leur refuſant
de l'argent dans le temps qu'ils en ont le
plus de beſoin pour l'exécution de leurs
projets , ou qu'il ſoit l'eſclave de ces
mêmes Miniſtres , en leur accordant aveu-
glément l'argent qu'ils prétendent leur
être d'une néceſſité indiſpenſable. Il eſt
impoſſible qu'il examine aſſez l'emploi que
l'on veut faire de l'argent qu'on lui demande avant qu'il ſoit dépenſé, & qu'il ne
donne à chacun que ce qui lui eſt véritablement néceſſaire. D'ailleurs s'il entroit
dans ces détails , il feroit le premier Miniſtre , & feroit feul le travail de tous les
autres. Il faut convenir que fur ce pied,
la place d'un Miniſtre des Finances eſt *in-
faiſable.* La maniere d'écarter tant d'em-
barras , c'eſt , difons-le fans ceſſe, un plan
fixe & des principes certains , une loi
d'Adminiſtration générale conſignée par
le Roi dans fon Conſeil , & qui ferve de
baſe à toutes les opérations. Que ce
plan foit celui que je viens de propoſer,
ou un autre , la néceſſité d'en avoir un
eſt démontrée ; dès qu'il fera établi,
toutes les difficultés s'applaniront , tout
concourra à fa parfaite exécution, & les

réglemens de détails en fortiront comme d'une fource abondante.

Voici une troifiéme objection ou queftion à laquelle je ferai forcé de répondre. ,, Les dettes de l'Etat font ,, immenfes (me dira-t-on), quelles ,, mefures prenez-vous pour les acquit- ,, ter ? Les impofitions font exceffives, ,, & le Peuple gémit fous leur poids. ,, Je vois bien que vous vous occupe- ,, rez des moyens de partager ce far- ,, deau plus également, & de percevoir ,, les impôts à moins de frais ; mais pour- ,, rez-vous en fupprimer quelques-uns ,, des plus onéreux ? Il me femble qu'au ,, contraire vous ferez forcé d'en établir ,, d'autres ; car enfin comment rembour- ,, ferez-vous toutes les Charges que vous ,, vous propofez de fupprimer ? L'obli- ,, gation d'en payer la rente ou de les ,, amortir, loin de diminuer la maffe des ,, dettes de l'Etat, la groffira, & pour y ,, fuffire, il faudra mettre de nouveaux ,, impôts. Pourrez-vous, par d'autres ,, moyens, payer les frais des Adminif- ,, trations nouvelles, quelque utile que ,, foit leur objet ? Les commencemens des ,, Etabliffemens font toujours couteux. ,, Tout le monde vous dira que l'objet de

» l'attention & des réflexions d'un bon
» Citoyen, le but auquel il doit tendre,
» & le prix le plus glorieux qu'il puisse
» mériter & obtenir de ses travaux, c'est
» de diminuer la dette nationale, sans
» avoir recours à l'horrible moyen de la
» banqueroute, & en supprimant même
» les impositions les plus onéreuses «.
Voici ma réponse. Il n'est pas impossible
de rembourser une grande quantité de
rentes perpétuelles, & la finance d'un
grand nombre de Charges, en aliénant à
perpétuité les domaines utiles dont le
Roi est encore en possession dans son
Royaume, ou dans lesquels il peut rentrer. Sa Majesté n'en sera ni moins puis-
sante, ni moins riche, quand Elle n'aura
plus de simples Seigneuries, pourvu que
personne ne puisse lui contester, & ne
partage avec Elle les droits éminens de la
Souveraineté. C'est certainement par un
abus des termes de cette maxime, *Le domaine du Roi est inaliénable*, que l'on
s'est imaginé que le Roi ne pouvoit pas
vendre la plus simple Seigneurie de son
domaine, & qu'il pouvoit toujours y rentrer. Qu'est-il résulté de cette opinion &
de l'application qu'en ont souvent faite
les Ministres des Finances, en retirant

des domaines engagés, ou en forçant les anciens Engagistes à donner de nouveaux fonds? Rien autre chose, sinon que les terres domaniales ont été plus mal cultivées, & qu'on n'a pas ofé fe livrer au défir d'y faire des améliorations ou des embelliffemens; que ces terres, qui auroient été dans le commerce, n'ont jamais pu y entrer; qu'on a ufé de fubtilité pour donner une tournure d'échange à de vraies aliénations, &c. Si l'on veut bien rectifier une fois cette maxime, & en l'entendant comme elle doit l'être, rendre folides les aliénations du domaine utile, l'on fournira tout d'un coup au Roi des fommes confidérables; & fi l'on veut bien veiller à l'application de ce fecours, empêcher qu'il ne foit dilapidé & perdu comme l'ont été tant d'autres moyens de reffources pour l'Etat, on produira le double effet, de mettre une grande quantité de biensfonds dans le commerce, de rembourfer grand nombre de Charges, d'amortir & d'éteindre bien des rentes, dont le payement des arrérages eft plus onéreux au Roi, que le produit de fon domaine utile ne lui eft profitable.

Ne fera-t-il pas auffi jufte que facile de faire racheter au Clergé les rentes qui font à fa charge, par les mêmes moyens qui feront employés pour le Roi ? Alors nouvelle rentrée de biens-fonds dans le commerce, un plus grand nombre de terres en valeur, parce qu'elles auront de véritables propriétaires qui veilleront par eux-mêmes, & pour l'avantage de leur famille. Quand une fois on aura commencé cette opération, le Public verra avec fatis-faction diminuer, chaque année, la maffe énorme des dettes de l'Etat, & augmenter la faculté de fupprimer les impofitions en tout ou en partie. D'ailleurs les rentes via-geres s'éteindront, & nous ferions tort au Gouvernement préfent & futur, fi nous pouvions craindre qu'on en créât de nou-velles. Un pareil expédient répété & mul-tiplié eft d'une fi dangereufe conféquence, qu'on ne peut avoir ufé d'une telle ref-fource que comme d'un coup de défefpoir.

Quant aux impofitions, c'eft beau-coup pour la Nation d'être affurée qu'elles feront partagées avec toute l'égalité pof-fible, & perçues à moins de frais. D'ail-leurs on ne pourra jamais fe plaindre qu'elles foient exorbitantes, quand le produit ne fera qu'égal aux charges pu-bliques ; & le vrai moyen de démontrer que l'un n'excédera pas l'autre, eft d'appliquer chaque genre d'impositions à un genre de dépenses particulier ; par exemple, la taille à l'entretien des troupes ; les droits provenans du commerce extérieur par mer, à l'entretien de la Marine & des Colonies ; les revenus des biens donnés par nos ancêtres en intention de faire des œuvres pieuses & charitables, à l'entretien des hôpitaux & à la fondation des établissemens de charité de toute espece ; les droits domaniaux seroient réservés pour l'entretien de la Cour, du Roi, de ses Ministres, de ses Officiers & Conseillers, & des principaux Magistrats. On conçoit que cette distribution étant une fois adoptée, le Public ne seroit point étonné de voir augmenter les droits, lorsque l'objet auquel ils seroient destinés, exigeroit plus de dépenses. Ainsi en temps de guerre, ou lorsque le Roi, par de simples précautions politiques, jugeroit à propos d'augmenter ses troupes, la taille le seroit à proportion ; & si l'armée étoit doublée, la taille le seroit de même. Lorsque la Famille Royale seroit augmentée, la Cour par conséquent plus nombreuse & sa dépense plus forte, il faudroit plus de fonds pour y suffire, &c. &c.

Je ne donne ici qu'une légere idée de la jufte diftribution qu'il faudroit faire des fonds que le Roi auroit impofés fur tous fes Sujets, & qui, étant levés dans chaque Province, devroient être verfés des Caiffes particulieres dans celle du Tréfor Royal. Je ne parle point du fecond genre d'impofition, dont l'adminiftration entiere, tant en recette qu'en dépenfe, feroit confiée aux Etats Provinciaux. J'ai déjà dit, & je le répete encore, qu'elle ne pourroit paroître odieufe ni infupportable à perfonne, l'objet & l'emploi en étant également connus. On pourroit même avec confiance imaginer de nouvelles taxes pour de nouveaux objets d'utilité. Je n'indiquerai qu'un feul projet de cette efpece. On fait que celui d'élever les Enfans trouvés & d'en tirer parti pour le fervice de l'Etat, eft un des plus intéreffans dont on puiffe s'occuper. Il faut d'abord trouver les fonds néceffaires pour y pourvoir ; enfuite faire les arrangemens les plus fages, dreffer des Réglemens, conftruire & arranger des bâtimens convenables pour recevoir ces innocentes victimes du libertinage ou de la foibleffe ; prépofer à leur nourriture & à leur éducation, des perfonnes in-

telligentes , honnêtes & affidues ; enfin
déterminer le genre de travail auquel ils
pourront être appliqués , lorfque leur
éducation fera finie , & qu'ils entreront
dans la grande claffe des Citoyens. Le
moyen de procurer ces fonds me paroît
être une taxe fur tous les célibataires du
Royaume , qui foit perfonnelle & propor-
tionnée à leur fortune & à leur condition. Je crois qu'on la trouvera jufte
d'après ce raifonnement. C'eft une obli-
gation effentielle que contracte chaque
Citoyen en naiffant , de donner à fon
tour d'autres Citoyens à l'Etat , ou il faut
que des raifons fupérieures l'autorifent à
faire exception à cette regle. Il fut un
temps chez les Romains où l'on condam-
noit à l'amende ceux qui refufoient de
fe marier. La Religion Chrétienne a canonifé le célibat religieux & clérical ; &
indépendamment de ce que tout ce qui
eft fondé fur cette bafe eft refpectable,
il y a de bonnes raifons politiques pour
continuer la défenfe de fe marier, faite
aux Miniftres de la Religion. Il y a une
autre efpece de célibat qui a bien moins
de titres & de raifons en fa faveur : on
l'appelle depuis quelque temps *philofophi-
que ;* effectivement il tient à un genre

de philosophie, dont chacun à la vérité peut s'accommoder en particulier, mais qui fera toujours contraire au bien de la Société, parce qu'il tient à l'égoïsme. Après tout, il faut convenir qu'on ne peut pas forcer les gens à former des liens contraires ou à la délicatesse de leur conscience, ou même simplement à leurs inclinations ; mais n'est-il pas juste de leur faire acheter la liberté dont ils veulent jouir, ou plutôt de rendre ce rachat régulier, & de le faire tourner au profit de la Société ? car d'ailleurs il y a bien peu de gens à qui leur célibat ne coute quelque chose. Je voudrois donc que chaque célibataire payât la valeur de l'entretien d'un enfant, depuis sa naissance jusqu'à l'âge de quinze ans, & assujettir à cette taxe tous les hommes qui seroient parvenus à l'âge de vingt-cinq ans sans s'être mariés, jusqu'à soixante ; & les femmes depuis l'âge de vingt jusqu'à cinquante. Il n'y a aucun lieu de douter que cette taxe ne produisît beaucoup ; & comme il seroit essentiel qu'elle ne fût employée à aucun autre objet qu'à sa propre destination, si le nombre des enfans naturels & orphelins ne suffisoit pas pour absorber les fonds destinés à l'entretien de cette maifon, on pourroit y admettre encore les enfans de ceux qui en feroient vraiment furchargés. Par-là l'on feroit ceffer la crainte funefte qu'ont les habitans de la campagne, d'avoir plus d'enfans qu'ils n'en peuvent nourrir. Quant aux Réglemens & à l'adminiftration de ces établiffemens, ils mériteront certainement la plus grande attention, furtout pendant le temps de la premiere nourriture. Mais je crois qu'il faudroit laiffer aux Etats des différentes Provinces, le foin d'y pourvoir, & établir même fur cet objet une efpece de concurrence & d'émulation entre elles, à qui nourriroit le plus d'enfans & les éleveroit le mieux. Il feroit d'autant plus jufte de laiffer ce foin aux Provinces, que ce feroient elles qui percevroient la taxe. Selon toute apparence, cette impofition fe payeroit volontiers, quoique ce fût peut-être une des plus fortes. Quant à l'emploi qu'on feroit de ces enfans lorfqu'ils feroient grands, celui des garçons ne feroit pas embarraffant ; ils feroient deftinés au fervice militaire ; étant bien jufte que les enfans de la Patrie fervent de préférence à la défendre. La milice dans laquelle ils entreroient, feroit hono-

rable ; chaque Province devant être obli-
gée d'entretenir un certain nombre de
bataillons, pour former un régiment qui
porteroit son nom. Les soldats seroient
tous natifs de cette même Province , soit
qu'ils eussent reçu leur éducation dans
les maisons dont je viens de parler, ou
qu'ils se fussent engagés volontairement.
Les Officiers en seroient du moins originaires ; les Colonels pourroient être choisis entre les Seigneurs qui y posséderoient
des terres considérables. Quoiqu'il fût nécessaire que ce Corps , tant qu'il seroit en
activité, fût toujours employé dans des Provinces différentes de la sienne. ; les retraites
& les récompenses , tant des Officiers
que des soldats, seroient toujours accor-
dées pour la Province dont ils seroient
originaires ; de sorte qu'ils ne perdroient
jamais l'espoir de retour dans leur patrie,
la vanité d'y paroître avec honneur , s'ils
avoient bien servi, & la honte d'y végé-
ter sans considération, en cas qu'ils se
fussent mal conduits. Je ne dis ceci que
comme un mot en passant. J'ajouterai que
la cavalerie & les dragons devroient être
tout entiers composés de volontaires, &
que les espérances bien fondées d'un côté,
& la crainte de l'opprobre de l'autre , seroient

roient suffisans pour empêcher la déser-
tion des soldats, & entretenir le zele de
l'Officier François. Mais ce n'est pas ici
le lieu & le moment de m'étendre sur
cet intéressant objet. Je reviens aux *Enfans de la Patrie*, c'est ainsi que je voudrois qu'on les appelât. On occuperoit
ceux qui seroient foibles & mal constitués,
en leur faisant apprendre des métiers proportionnés à leurs forces. On seroit plus
embarrassé des filles ; mais c'est relativement à elles que ceux qui se piqueroient
de zele pour le bien public, pourroient
exercer leurs talens, en indiquant quel
est le genre d'occupation qu'il seroit possible de leur procurer, eu égard au climat,
aux productions & au commerce de chaque Province. Cette différence de climat
& de productions doit nécessairement
empêcher de soumettre aux mêmes principes & aux mêmes regles tous ces établissemens. Il faut les diriger suivant les
lieux & les temps ; mais l'objet est le
même pour tous les pays. Favoriser la population, pourvoir à l'éducation physique
& morale des enfans, & les rendre utiles
à la Patrie, quel but plus glorieux & plus
désirable peut-on jamais se proposer ?

Une quatrieme observation, à laquelle

T

je pourrai répondre auſſi bien qu'aux deux précédentes, c'eſt que je ne fais entrer pour rien dans mon plan le Clergé & les Eccléſiaſtiques. En voici la raiſon : dans l'état préſent, le Clergé de France, en vertu de ſes immunités, ne paroît en rien contribuer aux charges publiques ; ainſi il ne doit avoir aucune part à l'adminiſtration de ces charges. Il eſt vrai cependant que le Roi perd fort peu à laiſſer les Eccléſiaſtiques jouir de ces immunités auxquelles ils ſont ſi attachés ; ils contribuent, & même conſidérablement ; mais leur contribution ſe paye dans une forme ſi différente de celle des autres Corps de l'Etat, & ſi mal entendue tant pour le Roi que pour eux-mêmes, qu'ils ne peuvent faire mieux que d'y renoncer. S'ils le font, alors aſſujettis aux contributions comme les Seigneurs & autres poſſeſſeurs laïques, on les admettra comme eux à veiller ſur l'intérêt public, qui ſera auſſi le leur ; on leur accordera même dans les aſſemblées, les honneurs & les prééminences dus à leur caractere ſacré ; mais il faudra bien qu'ils acquittent les dettes que le Clergé du Royaume a contractées en corps : il y aura à cet égard de grands arrangemens à prendre,

& il faut convenir qu'ils font délicats. Rien n'eft fi refpectable que le Clergé, même relativement à fon revenu temporel : la fource de fes richeffes eft facrée, elle tient à une Religion que non feulement la Foi, mais même la Politique nous oblige de refpecter & de conferver. Mais le Clergé ayant à fa tête, comme il y en a aujourd'hui, des Prélats éclairés & modérés, fe prêtera fans doute à tout ce qu'exigera de lui l'intérêt de l'Etat ; il préviendra le cri des Provinces, & des fcandales qui nuiroient à tout.

D'un autre côté, l'on fentira que s'il y a un meilleur emploi à faire d'une partie des revenus du Clergé, que celui auquel ils font à préfent appliqués, ils ne doivent certainement pas être livrés au pillage. Ces richeffes ont été deftinées par nos ancêtres à toutes fortes de bonnes œuvres ; à obtenir du Ciel, par de ferventes prieres, la rémiffion de leurs péchés & des nôtres, à célébrer avec pompe les auguftes Myfteres de notre Religion, à bâtir & à orner les Temples, enfin à la fubfiftance des Miniftres des Autels, & après eux à celle des pauvres & au foulagement des infirmes. Les nouvelles difpofitions qu'on peut faire de ces richeſſes, doivent toujours ſe reſſentir de leur premiere deſtination. Il faut prélever deſſus tout ce qui eſt néceſſaire au culte divin & à l'entretien de ceux dont les fonc-tions habituelles ſont d'enſeigner les Dog-mes, de prêcher la Morale, & de faire avec dignité les cérémonies de l'Egliſe ; la charité a droit de réclamer tout le reſte. Comme la façon de remplir ce grand objet dans les différentes Provinces, ne ſera jamais mieux connue que par leurs Adminiſtrateurs, c'eſt avec chaque Admi-niſtration Provinciale qu'il faut régler toutes ces diſpoſitions , & ce ſont elles qu'il faut charger de les ſuivre.

Je crois n'avoir plus à répondre qu'à une ſeule queſtion. ,, Vous n'avez parlé,
,, me dira-t-on, que d'Etats Provin-
,, ciaux ; n'aſſemblera-t-on jamais les
,, Etats Généraux du Royaume ? négli-
,, gera-t-on cette forme ancienne & reſ-
,, pectable de convoquer la Nation ? Y
,, avoit-il rien de plus auguſte que cette
,, réunion des trois Ordres repréſentés
,, chacun par des Députés du premier rang
,, ou du premier mérite ? Le Parlement
,, d'Angleterre n'eſt, pour me ſervir de
,, l'expreſſion d'un de nos meilleurs Publi-
,, ciſtes François (Etienne Paſquier),

„ que *des Etats au petit pied*, en com-
„ paraifon de nos Etats Généraux de
„ France „.

J'avoue que je ne fuis point féduit par cette haute opinion que quelques perfonnes ont conçue de nos Etats Généraux. Plus je lis notre Hiftoire, & plus je reconnois que premiérement ils ne tiennent point du tout à la conftitution de notre Monarchie. Les premieres Affemblées Nationales, les anciens Parlemens, les Cours Plénieres n'y reffembloient point du tout. Ce n'étoient que des confeils ou conférences du Roi avec fes principaux Officiers, Confeillers & Feudataires. Il n'étoit point encore queftion du Tiers-Etat; le Peuple n'y avoit aucune part, &, comme je l'ai dit plus haut, il n'a été admis que fort tard dans les Affemblées Nationales. Et pourquoi a-t-on bien voulu l'y fouffrir ? Pour exiger de lui des fubfides, fans jamais lui laiffer le foin de les régler, ni de faire aucun arrangement qui tendît à fon foulagement ni au bien public. Auffi, que faifoit-il entendre dans ces Af-femblées ? Des *doléances* qui n'aboutif-foient jamais à rien, foit que le Peuple fût trahi par fes Repréfentans, ou que ceux-ci ne fe trouvaffent pas affez forts

T iij

pour gagner quelque chose sur les deux
autres Corps de l'Etat. Toutes les charges
tomboient sur le malheureux Peuple ; le
crédit, les honneurs & les graces étoient
pour les autres. Enfin le Roi & la Nation
se sont, pour ainsi dire, donné le mot,
il y a près de deux cents ans, pour cesser
d'assembler les Etats Généraux, parce
que l'un & l'autre ont également reconnu
qu'ils ne produisoient nul bien. Le Roi
n'en tiroit aucun parti pour contenir
sa Noblesse, ni le Peuple pour son sou-
lagement. Si l'on assembloit les Etats
Généraux, aujourd'hui que les bornes
du Royaume sont bien plus étendues, la
cohue & la confusion y seroient encore
bien plus grandes, & elles ne l'étoient
déjà que trop il y a deux ou trois cents
ans. Ce qui se passe en Angleterre, ne
doit pas nous faire désirer d'adopter une
forme de Gouvernement qui ressemble
au Parlement de cette Isle ; & nos Assemblées seroient bien plus embarrassantes, étant nécessairement bien plus nom-
breuses. La forme que je propose pour
les Etats Provinciaux, est toute différente, & fondée sur des principes très-
éloignés de ceux des Etats Généraux.
Oublions-donc tout ce qui pourroit nous

rappeler ces principes que j'ai combattus. Le seul avantage que le Roi auroit pu tirer des Etats Généraux pour le bien de ses sujets, c'eût été de réunir des personnes instruites de l'état & du véritable intérêt de ses Provinces ; de pouvoir les consulter dans chaque circonstance importante, & de ne rien faire que d'après leurs avis réfléchis & raisonnés. Mais n'aura-t-il pas toujours à la suite de son Conseil, des Députés de chaque Etat Provincial, & dans ce Conseil même, d'anciens Commissaires qui connoîtront l'état de ces Provinces ; & ne pourra-t-il pas les réunir, pour leur communiquer ses intentions & ses ordres, lorsqu'il le croira nécessaire ?

CONCLUSION.

Comment un seul homme en gouverne-t-il vingt millions d'autres ? C'est par l'opinion & la confiance qui naissent du sentiment, de la raison, mais sur-tout de l'expérience & de l'habitude. Voilà les vraies sources de la puissance publique ; c'est d'après elles que l'on a formé le plan proposé. Son exécution procureroit au Peuple la connoissance de ses véritables intérêts ; il les auroit toujours sous les yeux, & n'en pourroit être détourné par les intérêts particuliers, qui sont les ennemis du bien général. De son côté, le Souverain, éclairé par son Peuple même, ne pourroit être égaré sur des intérêts qui, après tout, sont les siens propres, & qu'on ne peut lui faire trahir qu'en le trompant.

A l'égard du choix des Sujets pour l'Administration, avec de bons cœurs & des esprits droits, on pourroit aisément gouverner le monde : mais les bons cœurs & les esprits droits sont bien plus rares que les habiles gens, les esprits brillans & les gens à imagination. Il faut être en garde contre ceux-ci, & fixer leurs idées par un plan folide & bien entendu, dont ils ne puiffent s'écarter, & qui ne leur laiffe que la liberté de faire le bien à découvert, fans pouvoir envelopper leurs deffeins dans les ténebres d'une marche obfcure, ou s'égarer en faifant prendre le change au Public.

Attendons - nous à voir notre raifon faire encore de nouveaux progrès; ceux qu'elle a déjà faits nous en font garans. D'âge en âge les effets en feront plus fenfibles, & peut-être qu'un jour les principes de ce plan, propofé pour la France, feront jugés dignes d'être appliqués à tous les Gouvernemens de l'Europe.

Plaife au Ciel que l'on foit bientôt pénétré de cette fage maxime! *L'autorité Monarchique & la liberté du Peuple ne font point ennemies, & ne doivent ni fe combattre ni fe détruire; au contraire c'eft fur la parfaite intelligence de l'autorité & de la liberté, que doit être fondé le bonheur du Monde.*

F I N.

TABLE

DES MATIERES

Contenues dans ce Volume.

Fin de la Table des Matieres.

ERRATA.

PAGE 19, ligne 28, tels que font les Ruſſes, *liſez* telle que celle des Ruſſes.

Page 20, ligne 24, Gens de Robe; *mettez* un point à la place du point & virgule.

Page *ibid.*, ligne 26, formalités; *mettez* ſeulement une virgule.

Page 26, ligne 19, & de cette, *liſez* toute.

Page, 38, ligne 14, mal l'étendue, *liſez* mal leur étendue, *ôtez* de ſon pouvoir.

Page 39, ligne 4, & s'enveloppe, *liſez* & s'occupe trop de.

Page 42, ligne 21, à celui, *liſez* à celle.

Page 77, ligne 27, eſt le meilleur, *ôtez* le.

Page 92, ligne 25, *effacez* en.

Page 102, ligne 23, qu'ils ont, *liſez* qu'ils y ont.

Page *ibid*, ligne 27, les, *liſez* ſes.

Page 103, ligne 6, *ôtez* moins parfait que le leur,

Page 116, ligne 15, Herutters, *liſez* Heernhutters.

Page 120, ligne 3, *liſez la phraſe ainſi :* puis patrimoniaux. Les Offices dégénérèrent en héritages dans les familles. Les Officiers prépoſés pour rendre la Juſtice, & pour commander les armées.

Page *ibid.* ligne derniere, de relief en, *ajoutez* cas de vente & même de.

Page 126, ligne 3, leur, *liſez* leurs.

Page 128, ligne 12 & 13, *ôtez* a le laiſſer; ou l'abandonner, *liſez* ou à l'abandonner.

Page 129, ligne 18, faire obſerver, *ajoutez* ; il faut.

Page 130, ligne 2, *liſez ainſi la phraſe :* Tout pouvoir inné ſous un Roi, eſt vicieux & réprobable.

Page 152, ligne 2, tache, *liſez* tâche.

Page 171, ARTICLE VI, *liſez* CHAPITRE VI.

Page 178, ligne 18, de crédit, *liſez* en crédit.

Page 245, ligne 6, 7, 8, *liſez ainſi la phraſe :* On la plongea ainſi dans la fainéantiſe, & on prépara des révoltes qui éclaterent auſſi-tôt qu'on ne put plus, &c.

Page 247, ligne 26 & ſuiv. *mettez* tous les verbes au préſent.

Page 248, ligne 21, le Miniſtere s'eſt, *liſez* le Miniſtere eſt à préſent.

Page *ibid*, ligne 23, ils doivent tous, *lifez* tous ces objets
 doivent.
Page 249, ligne 6, *ôtez* en quelque maniere.
Page 250, ligne 8, *ôtez* par exemple.
Page 252, ligne 25, Bas-Officiers, *lifez* fubalternes,
Page 262, ligne 17, prouvera, *lifez* produira.

9 782329 285993